U0540141

羅素的幸福哲學

從憂鬱厭世到用熱情擁抱世界

伯特蘭·羅素 著
Betrand Russell
王徹之 譯

The Conquest of Happiness

我想我可以轉而與動物相處，牠們是如此平靜和自足，

我站著並長時間地觀察牠們。

牠們不會因為自身的處境汗流浹背，抱怨不斷，

牠們不會在黑暗中輾轉難眠，為自己的罪惡啜泣，

牠們不會讓我討厭，因為從不討論對上帝的義務，

牠們沒有一個不滿足，沒有一個因佔有事物的狂熱而瘋狂，

沒有一個跪向另一個，也不會跪向幾千年前的同類，

在整個地球上，牠們沒有一個是可敬的，也沒有一個不幸福。

————————————————美國詩人華特．惠特曼

目次

前言

本書不是寫給專家的，也不是寫給只在口頭上談論實際問題的人。書中也不探討深刻的哲學和艱深的學問。我僅僅想將一些我希望是常識的觀點結集成冊。提供給讀者的這些方法都已經由我的自身經驗和觀察證實過了，每當我這樣照做，它們都增加了我的幸福感。基於此，我斗膽希望眾多被不快樂困擾的人能夠找到自身處境的根源所在，找到方法，擺脫不幸。我堅信許多不快樂的人可以透過正確引導和自身努力變得幸福，為此我寫下了這本書。

第一部
不幸福的原因

後來我逐漸學會對我自己和我的缺陷漠不關心，

而是將更多注意力集中於外在的事物，

包括世界的現況、不同種類的知識以及我喜愛的人。

第一章 不快樂的源頭：自卑、自大和自戀

只要身體健康、食物充足，動物就會快樂。我們覺得人類也應該是這樣。但是在現代世界中，大多數情況下我們並非如此。如果你活得不快樂，那麼應該會承認是芸芸眾生之一；如果你是快樂的，那麼問問自己，朋友中有多少人像你一樣？檢視完朋友的狀態後，學學察言觀色的藝術，試著去體會日常所遇之人的心境。

在每張我遇到的臉上，都有一個標記，
脆弱的標記，痛苦的標記。

英國詩人威廉·布萊克如是說。雖然種類各不相同，但你會發現不快樂無處不在。

假設你人在紐約這座典型的現代大都會，並於上班時間站在繁忙的街道上，或者於週末時站在大街上，或者晚上去參加舞會，請從腦海裡清空你的「自我」，並且讓周圍陌生人的樣貌逐一佔據你的思想。你會發現每個人都有自己的煩惱。

在上班族中，焦慮、過度專注、消化不良很常見，除了競爭之外，他們對任何事情都缺乏興趣，沒有遊戲的能力，也完全漠視身邊的人。

看看週末大街上的男男女女們，他們生活寬裕，其中一些人還十分富有。他們用整齊的步調追求享樂，即以最慢的車速向前。對於車上的人來說，想要看見前面的路是不可能的，想看風景也不可能，因為稍微往旁邊看一下就可能會出車禍。

不過，車上的人一心只想超過其他的車輛，道路太擁擠了。如果他們心有旁騖（不用親自開車的人才能這樣輕鬆），那麼某種難以言傳的苦悶就會攫住他們，在他們臉上留下輕微不滿的表情。

偶爾路上會開過載滿有色人種的車輛，車裡的人流露出真正的快樂。但它們古怪的行為引來了旁人的憤慨，最終他們發生事故而落到了員警的手裡：假日好好玩樂是違法的。

再去看看那些徹夜狂歡的人們。所有人都打定主意要玩得盡興，而且態度堅定，就像絕不會在看牙醫時吵鬧一樣。酒精和情人的愛撫是公認的快樂法門，所以人們很快把自己灌醉，並且試著不去注意伴侶看起來很噁心。一番痛飲之後，男人們開始哭泣，哀嘆自己對不起母親的養育之恩。酒精的作用在於釋放罪惡感，而平時它被理性囚禁著。

這些不同種類的不快樂，有些是源於社會體制，有些是源於個人心理（雖然也是源自於前者）。我曾經談到，為了改變社會體制以促進整體的幸福感，必須先禁絕戰爭和經濟剝削，並拋棄殘忍又令人恐懼的教育，但這些都不是本書要討論的問題。找到能避免戰爭的制度，文明才得以保存下來，但是如果人們如此不快樂，覺得與其渾渾噩噩度日，還不如互相毀滅，那這種制度就不可能出現。如果自動化生產對貧苦的人有益，那當然有必要阻止貧窮蔓延，但如果連富人也活得很痛苦，那打造均富世界又有何用？殘忍而令人恐懼的教育是不好的，但有些教育者本身就是奴隸，自然給不出其他的教育方式。

考慮以上種種現況，就會引導到關於自我的問題：此時此地，在這個充滿懷舊的社會中，男男女女做些什麼，才能為自己找到快樂？

我會把焦點放在沒有承受外在極端壓力的人身上，也就是有足夠的收入、生活無虞，而且身體健康、能正常活動。至於天災人禍的情況，如失去所有的子女或者遭到公開羞辱等，的確有很多可討論之處，但是它們和我希望討論的事情屬於不同的範疇。我準備提供一種治療方法，以治癒文明國度中大多數人的日常苦悶，它沒有顯著的外在原因，所以更難以避免，也更加令人無法忍受。我相信這種不快樂主要是源於錯誤的世界觀、倫理觀和生活習慣，它們毀了人類天生對事物的興趣和渴望。不管是人或動物，都得透過興趣和渴望建立快樂，也更加是人類力量的組成元素。我將提出一些新方法和建議，透過它們，哪怕你只有尋常的運氣，都能獲得幸福。

而要介紹我這套哲學，最好的起點就是簡述我個人的生平。

我生來就不快樂。小時候，我最喜歡的聖詩是山繆．史東（Samuel John Stone）所寫的：「世界令人厭倦，負載著我的罪。」五歲時我意識到，如果能活到七十歲，那麼我才剛剛度過了人生的十四分之一而已。我感到一種漫長的苦悶在前方等著我，令我無法忍受。

年少時，我憎恨生活，並且總是徘徊於自殺的邊緣，幸好我想多學一些數學，才打消了那樣的念頭。

但現在與以前完全相反，我享受生活，而且隨著歲月流逝，我越來越快樂。首先，我發現了我最想要的東西，而且收穫越來越多。我也成功地放棄了某些欲望。以前我想求取某些無可爭辯的知識，但我現在知道那是無法實現的。

就像接受過清教徒教育的人一樣，我也習於反思自己的罪惡、愚蠢和缺點，並判定自己是人類中可悲的樣本。後來我逐漸學會對自己和我的缺陷漠不關心，而是開始將注意力集中於外在的事物，包括世界的現況、不同種類的知識以及我喜愛的人等。

不過，對外在事物的興趣確實會衍生出各種煩惱：擔心世界會陷入戰亂中、無法獲取某些領域的知識、好朋友們會離世等。但是這些痛苦與自我厭惡中的掙扎不同，它們不會毀滅生活的本質。只要持續不間斷，每種外在興趣都能激發行動、驅走倦怠感。

但是對自我的興趣則恰恰相反，你不會因此去從事積極而有意義的活動。你會認真寫日記、去做精神分析甚至決心成為僧侶，等到你習慣修道院的日常作息、忘記自己的靈魂後，你才會感到快樂。那你還不如去當清道夫，那也可以得到宗教性的快樂。對於自我沉溺太深、難以被治癒的可憐人來說，外部紀律是通往幸福的唯一道路。

自我沉溺有很多種類，而最普遍的就是負罪者（sinner）、自戀者（narcissist）和自大者（megalomaniac）。

負罪者並非指真正的罪犯，而是指沉溺於罪惡感的人。事實上，無論「人人都會犯罪」，或是「沒有人是有罪的」，都取決於怎麼定義「罪」這個詞。

這種人總會產生自我厭惡感，而如果他信教的話，就會覺得上帝否定他的一切。他有一個理想的自我形象，但與他在現實中的自我認知互相衝突。如果他早就忘了兒時母親在他耳邊的諄諄教誨，那麼他的罪惡感就會深埋在潛意識裡，只會在喝醉或者作夢時出現。

雖然如此，這種罪惡感會讓一切變得索然無味。在內心深處，他仍然臣服於兒時被灌輸的教條：說髒話是邪惡的、喝酒是邪惡的、精打細算是邪惡的，最重要的——性是邪惡的。當然，他並不會放棄這些樂趣，卻又深信它們在毒害自己、使他墮落。

他整個靈魂最渴望的樂趣，其實是母親寬容的撫慰，他曾在童年經歷過，但再也得不到了。他覺得任何事情都失去了意義，既然註定要負罪，那就乾脆深深地沉溺其中。他墜入愛河時，會尋找如母愛般的溫柔，找到後卻不能接受，因為他心中只有母親的完美形象，所以無法對發生過性關係的女人保持尊重。在失望之下，他變得殘忍，然後又對自己的無情感到後悔，在想像中的罪惡和真實的懊悔間惡性循環。這就是浪子們冷漠表面下的心理。他們會誤入歧途，是因為沉溺於無法得到的對象（母親或者母親的化身），以及早年被灌輸的荒謬道德教條。

唯有擺脫那些信條和情感依賴的掌控，放下母親的美好形象，這些「受害者」才能開始走向幸福。

在某種意義上，自戀是罪惡感的反面，它藏在自我崇拜和渴望被崇拜的習性中。一般來說，這是正常的心態，無須譴責，只有過度膨脹時，才會變成有害的偏執心理。很多女性，尤其是上層階層的貴婦，她們感受愛的能力已經蕩然無存，取而代之的是某種強大的欲望，認為所有男人都應該喜歡她們。只要確定某個男人喜歡自己後，她就覺得對方再也沒有可用之處。這種心態有些男性也有，只是少見一些，最經典的例子就是著名小說《危險關係》中的主人公。虛榮心上升到那種程度時，我們就不會再對其他人感興趣，也不會從愛情中獲得真正的滿足。

自戀者連其他的興趣也嚴重喪失。比如說，他看到傑出的畫家非常受歡迎，所以受到鼓舞去學藝術。但是對他來說，畫畫只是實現目的的手段，所以相關的技巧他一點也不感興趣。事實上，除了與自身有關的事物，他什麼也不關心。最終他只得到失敗和失望；他期待被崇拜，結果卻是被嘲笑。總是在故事中把自己塑造成英雄的小說家也有一樣的心態。

不管是在哪種領域，想要有真正的成就，都需要對工作本身感興趣。一個又一個成功的政客會墮落，是因為自戀逐漸取代了他對公眾和政策的興趣。只對自己感興趣的人並不值得崇拜，而且大眾也確實不買單。只想讓全世界崇拜自己的人不太可能成功，即使他辦到了，也不會真正感到快樂，因為人類的天性不只是關注自己。而且，就像那些被罪惡感控制的人一樣，自戀狂也是作繭自縛。對原始人來說，成為好獵人能帶來成就感，但是他們也同樣享受狩獵的樂趣。因此，虛榮心太高的話，就會毀掉活動的趣味，不可避免地，當事人就會鎮日無精打采、感到沉悶無聊。

這種情況的源頭可能是缺乏自信，而解決方法在於培養自尊心，但前提是要成功完成一些客觀上有益的事。

自大者不同於自戀者，他渴望的是權力而不是魅力；他想要令人害怕，而不是受人喜愛。許多瘋子和歷史上的偉大人物都屬於這一類。權力欲和虛榮心一樣，是人類本性中的重要成分，無須排斥。但若它們過度膨脹，或是連結到薄弱的現實感，就會變成有害的心態。當事人會因此變得不開心或愚蠢（或兩者兼具）。頭戴假王冠的瘋子會覺得自己很快樂，但心智健全的人應該不會羨慕它。

從心理學的角度看，亞歷山大大帝和瘋子是同一類人，儘管他天資非凡，能實現異想天開的夢想。然而，他不曾真正實現自己的夢想，因為每當他有所成就時，夢想的規模就會變大。正如他成為史上最偉大的征服者後，就決定要成為神。他是一個幸福的人嗎？當然不是，他酗酒、脾氣暴躁、對女人冷漠又渴望封神。為了培養某種特質，而犧牲了人性中的其他特質，這種人是不可能得到滿足的。同樣地，若把全世界都當作成就偉大自我的祭品，下場也一樣悲慘。

通常來說，不管其心智正常與否，自大者都曾被過度羞辱。拿破崙念書時感到低人一等，因為同學們都是富有的貴族，而他卻只是拿獎學金的窮小子。法國大革命後，他允許流亡的貴族回國，而看見以前的同學向他卑躬屈膝，他感到十分滿足。多麼快樂啊！他後來想要從沙皇身上得到類似的滿足感，最後不但沒有成功，反而被流放聖赫勒拿島。

沒有人可以無所不能，完全被權力欲掌控的人，早晚都會遇到無法克服的挫折。誰都能意識到這一點，除非他的腦袋被某種瘋狂的思維所控制，而且若他的權力夠強大的話，還會把試著點醒他的人囚禁或處決。因此，精神分析和政治上的這兩種壓抑是密切相關的。從精神分析上來看，只要個人身上有任何一種明顯的壓抑形式，就不會有真正的幸福。

在適當的範圍內擁有權力能增加許多幸福感，但是如果把它當作人生的唯一目的，就會釀成悲劇，即使不發生在外，也會發生在內。

顯然，導致不快樂的心理因素是多種多樣的，但它們都有某些共同點：這些人在年少時的某些正常需求得不到滿足。他們在長大後對某種渴望大於其他方面，並因此設定了非常單一的人生方向。這種人非常重視成就，但對於實現的過程卻不感興趣。

今天，這種現象更加惡化、更為普遍。有些人在經歷挫敗後不再追求滿足，只想轉移注意力、忘掉原本的目標。他們變成享樂的信徒，反正只要無所作為，就可以勉強度日。酗酒就是這樣的慢性自殺行為，它只能帶來消極的快樂，讓人暫時忘掉煩惱。

自戀者和自大者都相信幸福有實現的可能，雖然他們用的方法錯了。反倒那些想方設法要麻醉自己的人，已經放棄希望，只想忘了一切。

面對這些不快樂的人，我們首先應該做的，就是說服他們「幸福值得去追求」。否則他們就像睡不好的人一樣，還對自己的缺點引以為傲。正如在《伊索寓言》中，有隻狐狸被陷阱夾斷尾巴後，便故意宣傳沒尾巴的好處。為了讓他們重拾幸福，我們應該告訴他們長出新尾巴的方法，這樣一來，自找苦吃的人就會變少。我不否認有人甘於墮落，但那畢竟只是極少數人而已。

因此，我假設本書的讀者都想過得更幸福、更快樂，而我是否能幫大家實現目標呢？我也不敢保證，但不管怎麼說，這種嘗試至少不會有害。

第二章　治療文人的憂鬱：走入生活

有一種心態在我們這個時代很常見，在過往的歷史上也不時出現。總是有些人認為，智者已看透人世間所有的熱情，再也找不到可以為它而活的目標了。有這種想法的人是真的不快樂，但他們為自己的苦悶而感到驕傲，並推託說這全因宇宙的本質而起。他們還強調，這就是明智的人處世的唯一合理態度。他們對於自己的痛苦如此地自豪，以至於心思單純的人都會懷疑其真實性。一般人都認為，享受不幸的人並非真的不幸，但這種觀點太簡單了。的確，這些受苦的人可以從洞悉世事的優越感中獲得些許安慰，但是他們失去的單純快樂卻多得多。

我當然不認為不快樂就代表保持理智，因為智者會在環境允許下找尋快樂。比方說，如果他想破頭也想不出宇宙的真理，他就會轉而思考些別的事情。我希望讀者能了解到，不管怎麼論證，理性都不會擋在快樂前面。而那些人會認真地把痛苦歸因於世界觀，是因為犯了本末倒置的毛病。事實上，他們是因為某些自己也不了解的原因而不快樂，卻轉而去深入思考這個世界不令人愉快之處。

這種世界觀對於當代美國人來說並不陌生，約瑟夫．克魯奇（Joseph Wood Krutch）的著作《現代人心情》（*The Modern Temper*）便是一例。而在我們祖父那一代，代表人物是拜倫；從古迄今歷久不衰的，就是《傳道書》。

克魯奇先生說：

> 人類的奮鬥註定要失敗，在宇宙中並沒有我們的位置，但是我們並不因生而為人感到遺憾。我們寧可作為人死去，也不願活得跟動物一樣。

拜倫說：

世界給我們的快樂比不上它所奪走的，早年的思想之光隨著感覺黯淡而凋零……

《傳道書》的作者說：

因此，我讚嘆那早已死的死人，勝過那還活著的活人。（4:2）
並且我以為那未曾生的，就是未見過日光之下惡事的，比這兩等人更強。（4:3）

在審視生命中的各種快樂後，這三位悲觀主義者得出了如此灰暗的結論。克魯奇生活在紐約最富有的知識圈子裡；拜倫暢遊過達達尼爾海峽，有數不清的風流韻事；《傳道書》作者的享樂之道更是花樣百出：「我又為自己積蓄金銀和君王的財寶，並各省的財寶；又得唱歌的男女和世人所喜愛的物，並許多的妃嬪。」（2:8）他享受美酒、音樂，在家裡蓋了水池，擁有男僕和女傭，從出生起就有人服侍。就算這樣，他的智慧也沒有離他而去。然而他認為一切都是虛無（vanity），包括他的智慧：

我專心致志去了解智慧，去了解瘋狂和愚蠢，但我發現這也是一種精神上的苦惱。有多少智慧就有多少痛苦，增加知識的人也在增加悲傷。

他被自己的智慧所惱怒，他努力要擺脫它，但結果並不成功。

我在心中說，來吧！我要用快樂試驗你，所以去盡情享受吧！但是，瞧，快樂也是虛無。

而他的智慧仍舊與他在一起：

然後我跟自己說，發生在愚人身上的事，也會發生在我身上。為什麼我卻變得更有智慧了呢？然後我告訴自己，這也是一種虛無。

因此我憎恨生命。因為在太陽底下的工作都令人痛苦。因為一切都是虛無和精神上的煩憂。

現代人不再閱讀很久以前的作品，這對於寫作者來說是好事，否則他們不管怎麼描述水池，讀者都會覺得新書毫無意義，反正都有人寫過了。因此，若能證明《傳道書》裡的教條不是智者唯一能獲得的真理，那我們就無需再關注後來有哪些類似的表達或表述。此外，在探討這個議題時，我們必須區分心情本身和與之相關的表述。心情不在可論辯的範圍內，碰到好事、身體狀況改變都會影響心情，但它是無可爭論的。

從前我也常有那樣的心情，覺得一切都是虛無，但現在我已擺脫它了，但不是藉由任何哲學思維，而是某些行動的迫切性。孩子生病時，你當然會不快樂，但是不會覺得一切都是虛無的，讓他恢復健康才是當務之急，無論人類生活有沒有終極價值。有些富人總認為人生沒有意義，但假如他們失去財富的話，應該就會很珍惜下一頓飯。

自然需求太容易得到滿足的話，虛無的感覺便會產生。人正如其他動物一樣，已經適應了某些求生存的方式。我們可以累積大量財富、輕鬆滿足欲望，所以生命中欠缺「努力」的成分，也因而失去了產生快樂的重要條件。有些人對某些事物沒有強烈的欲望，卻又很容易得到，就會以為滿足欲望不會讓人快樂。若他們剛好有哲學家的特質，就會得出結論：人生在本質上是可悲的，哪怕擁有想要的一切，仍然不會快樂。這些人忘記了，求而不得的心情是產生快樂的要件。

關於心情的討論就到這裡。《傳道書》中還有一些富有智慧的論點：

> 江河都往海裡流，海卻不滿。（1:7）
>
> 日光之下並無新事。（1:9）
>
> 已過的世代無人記念。（1:11）
>
> 我恨惡一切的勞碌，就是我在日光之下的勞碌，因為我得來的必留給我以後的人。（2:18）

如果以現代哲學家的風格來表達，這些話就會變成：

> 人永遠都在勞動，事物始終都在變化，沒有什麼能夠永存。新生的事物與之前的沒什麼兩樣。人死了，後人收割他勞動的果實。河流奔向海洋，但水滴不會留存在哪裡。一次又一次，在無目的又無止境的迴圈中，人和事物從生到死都不會有進展，也不會有永恆的成就。
>
> 日復一日，年復一年。如果河流有足夠的智慧，就會停留在它們所在的地方。如果所羅門王有足夠的智慧，就不會種果樹而留給兒子享用果實。

但是以另一種心情來看，這些話語就沒那麼絕對了。太陽底下真的沒有新鮮事嗎？那麼摩天大廈、飛機和廣播上的總統談話呢？所羅門王知道這些事物嗎？如果他能從無線電中聽到示巴女王回國後的演講，就不會覺得他的果樹和蓄水池都是一場空。如果他有公關人員幫他收集報導，讓他知道自己的宮殿有多華美、後宮有多舒適、辯論對手有多狼狽，他還會堅持說太陽底下無新鮮事嗎？也許這些事情不能完全治癒他的悲觀主義，但至少他能用新方式來表達。克魯奇反倒是抱怨這個時代的新鮮事太多。看來新鮮事的存在或不足都讓人感到厭煩，很難說哪個才是令人絕望的原因。

讓我們再次面對這個事實：「河流奔騰入海，但大海永遠不會被填滿；河流來自哪裡，就會返回原處。」許多人以此加強自己的悲觀主義，還認為旅行不是快樂的事，反正不管去哪個度假勝地，最後還是會回家。這當然不能證明度假是無用的。如果水流像人一樣有感覺，應該會像雪萊的《雲》所描寫的，享受這冒險的迴圈。

至於把果實留給後代，這種痛苦可以從兩種觀點來看。從後代的角度來說，這明顯不是災難。萬物都要消亡這一事實，也不足以作為悲觀主義的論據，除非之後只有更差的事物，但如果總會有更好的事物來臨，那我們更該保持樂觀主義。所羅門王說：「已有的事，後必再有；已行的事，後必再行」（《傳道書》1:9）照這個說法，事物從生到死的整個過程不就沒有意義了嗎？當然不會，除非這個迴圈的各個階段令人痛苦。

有些人總是企盼未來，認為當前一切的意義只在於之後的成果。這種想法是有害的，因為過程有價值，整體才會有價值。在肥皂劇中。主角在經歷了難以置信的不幸後，最終以幸福結局收場。可惜人生不是這樣的戲碼。我活在世上、度過我的年華，兒子繼承了我的人生，並且度過他的年華，然後他的兒子又繼承了他……這些事情算得上是悲劇嗎？如果我長生不老，生命中的歡樂反而才會失去滋味。正因為生命是有限的，愉悅才會永保新鮮。

在生命之火前溫暖我的雙手，火焰熄滅，我就準備離去。

這種態度和對死亡的悲憤一樣合理。而既然情緒能被理智所左右，那無論要感到快樂或絕望，理由都一樣充分。

《傳道書》帶著悲劇的論調，而克魯奇的《現代人心情》更是悲情，他會這麼難過，說到底是因為中世紀和一些近代的確定性都瓦解了。

「當下這個不快樂的時代，」他說：「已被死寂世界的鬼魂所迷惑，還沒有回到穩定的中心點，這個困境就像一些青少年一樣，除了童年時熟知的神話，別無其他可以參考的人生指引。」

這種說法對應在某些知識分子身上是完全正確的。這些人都受過文學教育，但是對現代世界一無所知。他們從小把信仰建立在情感的基礎上，所以無法擺脫幼年時對於安全感和被保護的渴望，而那些是科學無法滿足的。克魯奇先生就像大多數的文人一樣，執著於「科學無法兌現承諾」。當然，他不會解釋這些承諾是什麼，但他似乎認為六十年前的人們，比如達爾文和赫胥黎，都對科學有某種如今尚未實現的願景。我認為這完全是作家和牧師們製造的幻覺，以免自己的專長被認為是無足輕重的學問。

確實，今日世界有很多悲觀主義者，因為許多人的收入都在銳減，自然就樂觀不起來。克魯奇先生是美國人，而且總體來說，二次大戰提高了美國人的收入。相對地，歐洲大陸的知識分子都在受難。戰爭造成了每個人的不安，社會因素會改變整個時代的氣氛，而社會理論對世界的影響就沒那麼大。

十三世紀是最令人絕望的時代，而當時所有人都堅信克魯奇先生所懷念的那種信仰，除了皇帝和少數義大利貴族。當時英國的修士羅傑．培根說：

> 罪惡全面統治了我們這個時代，比以往任何時代更甚。罪惡和智慧勢不兩立。
>
> 只要全面審視當今世界的現狀，就會發現無邊無際的墮落。
>
> 首先是上層人士……淫欲毀了宮廷的名聲，貪婪成為一切之主……連他們都如此的話，那麼大多數人又會如何？看看那些主教，他們只記得搜刮錢財，完全不關心治癒眾人的靈魂……看看各個教團，它們哪一個不符合我前面的描述。看看它們從名門正派墮落成什麼樣？那些新教團和小兄弟會腐敗到一點尊嚴都不留。這些教士和神職人員都沉溺於驕奢、淫欲和貪婪之中。不管是在巴黎還是牛津，只要是他們聚集的地方，他們彼此的鬥爭、爭吵以邪惡行徑都讓世人震驚。他們不在乎自己做過什麼，也不管要用什麼手段，哪怕是引誘或欺騙，只要能滿足欲望就可以了。

而對於古典時代的非基督教聖哲，他則認為：

> 他們各方面都過得比我們的要好，更正直、也更脫俗，生活充滿了歡欣、富足和榮譽。就像我們在蘇格拉底、柏拉圖、亞里斯多德、塞內卡、西塞羅、阿維森納（Avicenna）、法拉比（Alfarabius）等哲學家的書中讀到的那樣，他們發現了知識的寶藏、獲取了智慧的祕密。

培根的觀點與他同時代的文人一樣，都不喜歡自己所處的時代。我從來都不相信這種悲觀主義有任何形而上學的起因，事實上，那是由戰爭、貧窮和暴力所引起的。

在克魯奇先生的著作中，最悲觀的章節是在討論愛，他認為，維多利亞時代的人很重視愛情，而現代人卻用老練的眼光看透了愛：

> 對維多利亞時代的懷疑者來說，愛情是某些功能的替代品，因為他們不再相信上帝。面對愛情，就連最冷靜的人也會變得神祕起來。他們發現，只有愛能喚起那種無與倫比的崇敬之情，內心深處也湧起一股無庸置疑的忠誠。

對他們來說，愛就像上帝一樣，要求你犧牲一切；同樣地，信徒與愛人都能得到獎勵，而生命被賦予世人尚未完全剖析的意義。跟維多利亞時代的人相比，我們已習慣生活在沒有上帝的世界，但仍然無法接受沒有愛情的世界，而若想認識無神論的真諦，就要培養後者的心態。

有趣的是，現代人對維多利亞時代的看法，完全不同於當時人們的親身感受。我從小認識兩位老太太，她們各自代表了維多利亞時代的某些特徵：一個是清教徒，一個是伏爾泰派。前者抱怨說，以愛情為主題的詩歌太多了，其內容也很無趣。後者曾說：「沒有人可以說我的不是。我總是說，在十誡中，第七條的姦淫罪比第六條的殺人罪還不嚴重，畢竟那需要另一人的同意才能進行。」

這些看法與克魯奇先生描述的典型維多利亞心態並不相同。他的看法其實源自於某些作家的描寫，而他們與自己所處的環境格格不入。最好的例子就是羅伯特·白朗寧（Robert Browning），而他所描繪的愛情確實有些古板：

感謝上帝，祂的造物中最平庸的靈魂
也有兩面，一面用來面對世界，
另一面用來面對他所愛之人！

這段話暗示了好鬥（combativeness）是面對世界的唯一態度。為什麼？白朗寧會說，因為世界是殘酷的；而現代人會說，世界不會根據你本身的價值接受你。

有些夫妻能像白朗寧夫婦那樣相互愛慕——不管你的工作是否成功，有人隨時準備好要讚美你，那種感覺肯定非常愉快。因此，當愛德華・費茲傑羅（Edward Fitz Gerald）批評白朗寧夫人的詩作《奧羅拉・麗》（Aurora Leigh）時，深信自己體面又有男子氣概的羅伯特，便出面指責愛德華的無禮。

無論如何，這對夫婦都不肯批評對方，但我不認為這種做法令人羨慕。這種心態其實是出自於恐懼：他們只想找尋避難所，以逃避他人公正、冷酷的評論。很多年老的單身漢也一樣躲在家裡的火爐旁獲得類似的滿足感。

我在維多利亞時代生活得太久了，無法成為克魯奇先生筆下的標準現代人。我絕不會失去對愛情的信仰，但不是以前人們所稱羨的那種，而是坦率、富有冒險精神、教給人善、也不忘記惡，也不假裝神聖。古代人所讚美並烙上聖潔印記的愛情，其實是性禁忌的結果。維多利亞時代的人們深信，大部分的性行為是邪惡的，並因此誇大讚賞他們所認可的性行為。他們過度強化性的意義，所以其性饑渴反倒比現代人更強烈，就像禁欲主義者那樣。

我們正處在一個困惑的年代，許多人拋棄了過去陳舊的標準，卻沒有找到新的準則。這帶來許多麻煩，因為他們在潛意識中仍舊相信那些古老的準則，所以當問題來臨時，他們的絕望、懊悔和虛無感也接踵而至。我不認為這些人佔大多數，但卻是社會上表達意見最大聲的那群人。

我相信，比起六十多年前維多利亞時代的有錢青年，現代富有的年輕人從愛情得到的幸福要多得多，也更相信愛情的價值。如今有些人過得憤世嫉俗，是因為潛意識被古老的觀念所控制，也缺乏理性的道德準則來約束自己的行為。而治癒方法不在於對過往的惋惜和迷戀，而是拿出勇氣面對現代世界的境況，並從隱晦的內心深處連根拔除表面上被拋棄的迷信。

人為什麼如此重視愛情？這件事很難簡要地說清楚，但我還是想試試看。首先，愛情是快樂的源泉，雖然這並非它的最大價值，但對其他價值卻至關重要：

> 哦，愛情！人們過分地詆毀你，
> 把你的甜蜜說成苦澀，
> 你的果實如此豐滿，
> 沒有什麼比它更甜美。

這首詩的匿名作者不是在為無神論找解方，或是要找到通往宇宙的金鑰，只是在享受快樂。愛是快樂的源頭，若是缺少了它，也會成為痛苦的源頭。愛是如此重要，因為各種歡愉都因它而昇華。比如音樂、山間的日出與海上的圓月。男人在享受美好事物時若沒有心愛的女人陪伴，就無法充分體驗到它們的神奇魔力。此外，愛情能還打破自我的堅硬外殼，因為它是生物上的合作交流，得透過雙方的感情才能滿足彼此的內在渴望。

世界各地各個時代都有不同的孤獨哲學，有些比較高尚，有些比較世俗。斯多葛學派和早期的基督徒堅信，無需他人的幫助，自身憑著意志就能達到人類生命的至善。另一些哲學家認為，生命的終極目標是實現權力，還有一些人則認為活著只為了享樂。這些哲學家都可以看作是孤獨哲學家，因為他們認為，善可以在大大小小的團體中實現，個人也可以獨自去追求。

這種觀點從倫理學上來說是錯的，而且從人類本性中好的那一面與其表現來看，也是錯的。人類得團結才能活下去，而自然賦予了我們一套機制去產生合作所需的友誼，雖然這種本能多少有些不足。愛情是實現合作最常見又最重要的一種感情，任何人只要經歷過熾烈的愛，就不會認同孤獨哲學，因為個人的至善與其所愛之人息息相關。父母對子女的愛更加強大，而這也是兩人相愛的結果。

我不會隨口說至高的愛很普遍，因為我堅信真愛揭示了其他事物無法呈現的價值，就連懷疑論者也不敢加以挑戰。那些人沒有能力去愛，還誤以為是自己信仰懷疑主義所致。

真正的愛情是長久的火焰，
在心靈中永恆燃燒，
從不生病，從不死去，從不變冷，
從不改變它的方向。

我接下來會討論克魯奇先生對悲劇的看法。他說，易卜生的《群鬼》不如《李爾王》，而我必須承認他說得沒錯：

哪怕有更強的表達能力以及更優秀的文字天賦，易卜生也不會變成莎士比亞。莎翁的創作素材源自於他對於人類的尊嚴與激情的理解和重視，以及他對生命廣度的認識。這些易卜生都沒有，也不會有，正如跟他同時代的人一樣。在莎士比亞到易卜生的幾百年間，上帝、人和自然的意義都萎縮了，但這不能歸咎於現代藝術的影響。雖然當代藝術的焦點在於平凡無奇的大眾，但人類生活會變得貧乏，是那些意義的萎縮所致，並促成寫實主義的發展，從而影響了我們看待世界的眼光。

毫無疑問，以王子的悲傷故事為主題的老式悲劇並不適合這個時代，就算我們用那種筆觸來描寫市井小民的苦處，其效果也不再相同了。這不是因為我們對人生的看法倒退了，恰恰相反，而是我們不再把某些人看成偉人，不再認為只有他們才有權利搬演悲劇、成就大業，其他人只能辛苦操勞來幫助這些少數人。莎士比亞說：

乞丐死亡，不會有彗星出現；
王子長眠，天堂會為之閃光。

在那個時代，人們都有這種觀念，深信不疑的也不少，莎士比亞更是如此。因此，羅馬詩人辛納（Helvius Cinn）被誤殺是喜劇，而凱撒、布魯圖斯、卡西烏斯等元老的死是悲劇。

對今天的我們來說，個人的死亡在宇宙中的意義已不再重要了，因為我們變得民主化，不僅是外在服從、內心也相信民主。因此今天的悲劇大多與群體有關，而不是個人的遭遇。

以德國劇作家恩斯特．托勒爾（Ernst Toller）的《群體與人》為例。這部作品還不能與過去最好的作品媲美，但還是有可看性。它的內容高尚、深邃而且實在，寫的是英雄式的行動，也符合亞里斯多德的標準，其戲劇的功能應該是「透過憐憫和恐懼來淨化讀者」。

這類悲劇作品現在很少了，因為創作者必須拋棄舊的技巧和傳統，不能用陳詞濫調來寫。他必須感受到生命的悲劇性，才能去寫悲劇。為了感同身受，他必須對所在的世界有充分的認識，不僅要用頭腦去思考，而且要憑藉自身的血液和肌肉去感受。

克魯奇先生在書中不時談到絕望，令讀者感動的是，他勇敢接受這世界荒涼的一面。但是這種冷漠感，是因為他以及絕大多數文人都還沒有學會在面對新事物時喚起舊情緒，而且文藝圈也沒有這些刺激。他們與大眾的生活並沒有富有生命力的連結，那是產生嚴肅和深刻情感所必需的，也是悲劇和快樂的泉源。

對於有天分、整天覺得懷才不遇的年輕人，我會說：「放棄你們的寫作夢想，連筆記也不要寫。走入這個世界，看你想成為海盜、婆羅洲的國王或蘇聯的勞動者都好，把絕大部分的精力都用於滿足基本生理需求。」但我不會向每個人宣揚這種行動，唯有克魯奇先生診斷出來的文明病患者才需要。我相信，經歷幾年這種生活後，這些前知識分子就會很難壓抑自己的寫作衝動，並發現自己的作品不再那麼空洞沒有意義了。

第三章 掏空人生的競爭哲學

隨便問一個美國人或英國的企業家，什麼事情最妨礙他享受生活，他會說：「為生存而拚鬥。」他的口氣很真誠，也相信自己說的話。在某種意義上，這種說法是真的，但是從另外一種重要的意義上卻不成立。

努力求生是必要的，如果我們不夠幸運，就得設法找到活路。在康拉德的短篇小說《福客》（*Falk*）中，主角身處在一艘破船上，而這群水手中，只有他和另外一個同伴手上有槍，但所有人都沒有東西可吃。二人協議後，就把其他人都殺了當食物。吃完後，兩人就真的得「為生存而拚鬥」了。福克贏了，但從此之後成了素食主義者。

不過，企業家說的拚鬥不是這個意思。他隨口說出這句不精準的話，只是為了高舉某些微不足道的事情。問問他，在他的階級中，有多少人死於饑餓。問問他，他的朋友們破產後會怎麼樣。每個人都知道，大老闆們即使生意落敗，在物質方面也還有些許保障，而我們其他人連破產的機會都沒有。事實上，他們所謂的拚鬥，只是為了事業成功。他們並不害怕吃不到下一頓早餐，而是擔心被鄰居比下去。

很奇怪，很少有人意識到，自己並非陷入某種機制而無法逃脫，而是不斷踩著固定的腳踏車，卻沒有往前進。當然，我指的是做大生意、收入不菲的富商；只要他們願意，就能靠著自身的財富輕鬆度日。但他們都覺得坐吃山空很可恥，如同士兵臨陣逃脫一樣。因此，若你問到他們的工作有何社會價值，他們什麼也答不出來，除了一些奮鬥人生的老生常談和勵志格言。

想一想這種人的生活。他住在豪宅，有迷人的妻子和可愛的孩子為伴。在清晨家人們熟睡時，他早早起床趕去辦公室。他意志堅定、展現出優秀的領導力，講話鏗鏘有力，其睿智的意見讓所有人肅然起敬（除了辦公室的清潔人員）。他口述信件內容，透過電話和重要人物交談，並研究市場現狀，和客戶共進午餐。類似的工作持續整個下午後，他疲憊地回到家，剛剛好趕上換衣服吃晚飯。這時，他和其他疲憊的男人一樣，會假裝享受妻子作陪的快樂，而那些女士卻沒機會變得那麼累。難以想像的是，這些可憐的人得熬多久才能逃離工作。最後他終於入睡了，精神緊張得到了緩解，但只有幾小時。

他們在工作上的心理狀態和跑百米的人差不多，這種專注力用來賽跑很合適，但如果目標是墳墓就大可不必了。

那麼，他知道孩子在過什麼生活嗎？工作日他在辦公室，週末他在高爾夫球場。關於妻子他又知道什麼？當他早晨離家時，她正在熟睡，而晚上他倆又得參加社交應酬，所以沒機會親密交流。他沒有男性的知己，儘管他有一大堆朋友，但只想給對方留下友善的印象。他知曉播種和豐收的季節，但只因為它們會影響買賣的市場；他見識過外國的風情，但感到百般無聊。對他來說，書籍是無用的東西，音樂又太過高尚。年復一年，他變得愈發孤獨。他的注意力集中又狹窄，工作以外的生活越來越枯燥乏味。

我在歐洲見過這樣的中老年美國觀光客。可想而知，妻子和女兒好不容易說服他，是該給自己放假的時候了，該帶著家人來遊歷一下舊大陸。妻女興奮地陪著他們，用獨特而新奇的物品吸引他們的注意力。但這些一家之主只感到疲倦而無聊，滿腦子想的都是此時在辦公室或棒球場發生的事情。妻子和女兒們最後只能放棄他們，並認定男人們都是庸俗之輩。她們從沒有想過，丈夫是被她們的貪婪所害，但其實這種說法也不對，正如歐洲人認為印度婦女不該為丈夫殉節，但也許她們十有八九都是自願的，已經準備好為了榮譽和教規而自焚。那些美國企業家也有自己的信仰和榮譽感，所以他們應該努力賺錢，就像印度寡婦一樣心甘情願地領受折磨。

因此，美國商人若想變得更快樂，首先必須改變信仰。否則他們一心只渴望成功，還全心全意地相信，男人的責任就是有一番成就，而失敗的男人都是可悲的造物。如果不放棄這些信念，他的人生就會因為執著和焦慮而快樂不起來。

簡單來說，以投資為例。比起收益百分之四的穩健投資，美國人大多會選擇收益百分之八的高風險投資，也因虧損而憂心忡忡。

對我來說，我只想用錢來確保我有閒暇時間而已。但現代人只想以錢滾錢，只關注虛榮的和光鮮華麗的事物，還要把別人比下去。基本上，美國的社會階層不是僵化的，而是一直在流動，但他們的勢利態度卻比封建社會更嚴重。雖然有錢不保證讓你高人一等，但沒有錢一定會被看扁。更何況，大家都把賺多少錢當成衡量腦力的標準，所以收入高的一定是聰明人。沒人喜歡被當成蠢貨，因此在市場動盪時，生意人就會非常焦慮，有如年輕人在面對考試依樣。

我也了解，商人的焦慮包含了對破產的恐懼，雖然這種情緒並不理性。在貝內特（Arnold Bennet）的小說《克萊亨家族》（*The Clayhanger Family*）中，主角不管多麼有錢，都一直害怕自己會死在濟貧所裡。毫無疑問地，童年時深受貧困之苦的人，也會害怕自己的孩子過得不好，總覺得賺再多的錢，也無法建立堅固的堡壘來抵禦這種災難。家族的第一代難免會有這種恐懼，但很難影響到從沒經歷過貧窮的後代。不過，為家人著想是這類焦慮中較小而例外的因素。

事實上，他們的焦慮是源自於社會過於強調優勝劣敗，並把它當成幸福之源。我不否認，成就感讓人更容易享受人生。比如說，年輕時默默無聞的畫家在才華受到矚目後，就會覺得很幸福。財產達到某個數目時也能增加幸福感，但超過某個臨界點後我就覺得沒用了。因此我認為，事業成功是一種幸福因素，但並不值得為此犧牲其他所有的因素。

這種焦慮也源自於在商界裡流行的人生哲學。在歐洲，的確還有受人尊敬的群體，比如貴族、專業人員或是陸海軍官兵（除了一些較小的國家外）。無論從事哪種職業，競爭確實是不可避免的環節，但受人尊敬的不只有成功，還有過程中的卓越表現。有些科學家確實能賺大錢，但他們不賺錢時更受人尊敬。優秀的陸海軍上若是過得清貧，不會令人感到奇怪，因為那反而是種榮譽。因此，只有某些圈子裡的歐洲人才會炫富，但這些人既沒有影響力、也不受人尊敬。

美國的情況卻不是如此。公共服務體系在他們的國民生活中只佔一小部分，因而沒有任何影響力。至於在專業領域中，外行人無法判定醫生的醫學背景或律師的法學素養，所以只能根據他們的收入和生活水準來推斷他們的能力。至於教授，他們受雇於生意人，所以不如在傳統國家的學者受尊敬。這麼一來，美國的專業人士紛紛模仿商人的行事風格，不像歐洲人一樣建立起專屬的群體。因此，在富人階級裡，他們也找不到方法來緩和赤裸裸的財富競爭。

美國的男孩從小就覺得金錢是唯一重要的東西，不想費心接受任何賺不到錢的教育。

在過去，教育是用來訓練人的享樂能力，而沒有受過教育的人無法領會到那些樂趣。在十八世紀，想成為紳士的話，一定得在文學、繪畫和音樂領域體會到與眾不同的樂趣。現代人也許不會贊同他們的品味，但至少那是貨真價實的娛樂。

今天的富人卻很不同。他們從不讀書，若要創辦美術館來提升名聲，就乾脆請專家來挑選要展覽的作品。他們從中所獲得的樂趣，並不在於欣賞這些畫作，而是阻止其他富人買到它們。在音樂方面，猶太商人的鑑賞力還不錯，但其他有錢人面對各種藝術都一樣無知。

由此可見，他們不懂得該如何度過閒暇時間。他們越來越富有，也越來越容易賺到錢，每天只要五分鐘就能賺到不知該如何花完的錢。但這些可憐人卻整天無所事事，而這就是成功的代價。只要你把金錢當成人生目的，就無法避免這種結局。因此，事業成功後還得學會該如何面對生活，否則人生就會被苦悶所折磨。

習慣性的競爭意識很容易越界進入其他範疇，比如閱讀。看書的人一般有兩種動機：享受它或用它來吹噓。美國的女性每個月都會讀幾本書；有些人讀一整本、有些人讀第一章、有些人則讀評論，而且所有人都會把書擺在自己的桌上。然而她們從不閱讀名著，許多圖書會都不選《哈姆雷特》或者《李爾王》，也沒人覺得有必要去讀但丁等大師之作。結果，眾人只讀那些平庸的書。這種現象也是受到競爭心態所影響，但不一定有害，因為如果讓她們自己選的話，不但不會讀經典，還會去看推薦書單外的爛作品。

現代人會過度強調競爭，與文明的衰落有關，正如在奧古斯都的時代後，羅馬的男男女女似乎再也沒有能力去享受知性上的快樂。

舉例而言，在十八世紀的法國沙龍中，談話的藝術達到登峰造極的境界，直到四十年前，它還是非常活躍的傳統。這種技藝非常細膩，你得發揮最大的天賦來抓住那些轉瞬即逝的話題。但是在我們的時代，誰還會有這種閒情逸致呢？在中國，這種藝術十年前還很興盛，但國民黨人用傳教士般的狂熱把它一掃而空。在五十或一百年前，受過教育的人們都懂得欣賞優秀的文學作品，但是現在只有一小部分教授才懂。這些靜謐的消遣都被拋棄了。

有些美國學生曾在春天帶我散步，穿過校園旁邊的樹林，那裡長滿了精緻的野花，但這些年輕的嚮導都不知道它們的名字。這種知識有什麼用？又不能增加任何人的收入。

這不單是個人的問題，現代人都難以避免這種困境。問題的根源在於社會所廣泛接受的人生哲學，即生活是搏鬥、競爭，只有勝利者才能獲得尊重。因此我們過度培養意志力，並犧牲了感性和知性。這樣說是也許是本末倒置。清教徒與衛道人士近世以來一直都很重視意志，儘管他們最開始強調的是信仰。那個時代誕生了一個種族，他們過度發展意志，卻把感性和知性放在一邊。他們把競爭哲學當作最符合人性的生活方針。

不管事實到底是什麼，這些現代恐龍都獲得了巨大成功，並且如同他們史前的先祖一樣，愛力量勝過智慧。他們的成功受到眾人的效仿，並成為世界各地白種人的榜樣，在之後的幾百年，這種情況可能會愈演愈烈。不隨波逐流的人也許會安慰自己，恐龍不會取得最終勝利，他們會互相殘殺直到滅絕，而聰明的旁觀者會繼承他們的王國。

這些現代恐龍確實在自我毀滅。他們在每段婚姻中的子女不超過兩個，既不懂得享受生活，更沒有生兒育女的意願。從這一點來說，他們從清教徒祖先那裡繼承下來的艱苦與奮鬥哲學並不適合這個世界。他們的人生觀如此空虛，連孩子都不想要，在生物學上是註定要滅絕的。過不了多少年，他們肯定會被更幸福、更愉悅的人們取代。

把競爭當作人生的頭等大事，這種固執而可怕的念頭只會讓人肌肉緊繃、眼界狹窄。若有人把它當作人生的基本信條，也只能延續一兩代，一旦超過這個週期，神經疲勞、逃避現實的毛病就會出現，他們放鬆不下來，就連享樂都會如工作般緊張而艱難。最後，這群人會因為無法生育而滅亡。

由此可知，競爭哲學對工作有害，更嚴重危及到閒暇時光，因為人會變得沒耐心去享受安靜、休養的時光。人生不斷加速的後果，終點就會只看到藥品和精神崩潰。而治療方法很簡單，生活保持平衡，享受健全而令人平靜的娛樂。

第四章 無聊與興奮

無聊（boredom）是人類行為的重要元素，但它所受到的關注不該這麼少。我相信，它是各時代推動歷史發展的強大動力，在今天更是如此。

無聊應該是專屬人類的情緒。動物被囚禁時，確實有無精打采、行動遲緩和唉聲嘆氣的樣子，但是我不認為牠們在自然狀態下會出現類似無聊的心情。動物隨時都在警戒敵人、搜尋食物，有時會求偶，有時會試圖取暖。但即使牠們不快樂，也應該不會感到無聊。猿猴在這方面可能與我們相似，但是我從沒和牠們一起生活過，所以沒有機會去驗證我的推測。

無聊的生成要素之一，是人類會不受控地去想像另一種更好的狀況，並拿現狀來做比較。另一個要素是心智能力沒有被充分運用。設法從可怕敵人的手中逃跑並不有趣，但肯定不會讓人感到無聊。快被槍決的時候，你也不會覺得無聊，除非你有超人一般的勇氣。同樣地，某位貴族第一次在上議院演講時，也沒人敢打哈欠，除了已故的德文郡公爵卡文迪許（Spencer Cavendish）——他因此得到了同僚們的尊敬。

從本質上來看，無聊是渴望有事情發生，但卻沒有實現，雖然那些事情不一定令人愉快，但只要讓人感到今天和其他日子不同就行。總之，無聊的對立面並不是愉悅，而是興奮。

對興奮的渴望根植於人類內心深處，特別是男性。我認為狩獵時代的人類比後代的人更容易感到滿足。追逐奔跑讓人興奮，戰鬥和求愛也是。有些原始人會設法和某個女人通姦，而她的丈夫就在一旁熟睡。他知道，只要對方醒來自己就會被殺死，而這種情況一點都不無聊。

隨著農耕文明的到來，生活開始變得枯燥無味，除了那些貴族，他們從以前到現在都過著狩獵生活。如今很多人都說機械化農耕非常無聊，但是我覺得老式農法更無聊。事實上，和那些慈善人士的看法相反，我覺得機器大大減少了世人的無聊感。對於上班賺錢的人來說，工作時間並不孤獨，而夜晚的時間可以用於各種娛樂，這種生活在過去的鄉下是不可能出現的。

重新思考一下中下階層的生活。在過去，晚飯後妻女們收拾好餐具，眾人會坐在一起度過所謂快樂的家庭時光。事實上，這時一家之主會沉沉睡去，妻子忙著針線活，女兒們寧願自己去死，或者人在遙遠的廷巴克圖（Timbuktu）。她們不能讀書或者離開房間，因為理論上來說，父女交談的時光是最愉快的。運氣好的話，女兒們以後會結婚，然後讓自己的孩子度過同樣糟糕的青春期。運氣不好的話，她們會變成老處女、衰老的淑女；這種命運非常可怕，堪比被土著追捕和虐待喔！

在回想百年前的世界時，這些令人厭倦之事都應納入考量。只要回溯到更久遠的過去，就會發現那時的人更加無聊。想像一下中世紀的鄉村以及單調無聊的冬天。人們冷到無法讀書寫作，天黑後只有蠟燭的微光，而唯一一間還沒有冷到徹骨的房間，卻滿是爐火的煙。道路無法通行，村民們見不到任何外地人。人們肯定感到非常無聊，才會發起獵巫行動，讓冬日夜晚變得生氣勃勃。

跟祖先相比，現代的人無聊感確實減少了，卻對它更恐懼。我們都知道、也深深相信，無聊不是人類的正常命運，只要積極尋找新奇的事物就可以避免。女孩們已經能靠自己賺錢，所能在夜晚去找樂子，以逃離母親從前必須忍受的「快樂家庭時光」。如今，每個人只要有能力都會去城裡住。在美國，沒能力從農村搬到城裡的人，也能開車或騎摩托車去電影院，家中也會有收音機。年輕男女約會也比過去容易很多，連女傭都期待每週的心動約會時光，但在珍·奧斯丁的一整部小說中，女主角只有一次約會的機會。

社會階層提升時，我們會加倍追求刺激和興奮。有能力這麼做的人，永遠在旅行、歡慶、跳舞和暢飲，但出於某些原因，也總想在新的地方享受更多。不得不賺錢謀生的人，工作時難免會感到無趣；有錢又無須工作的人卻一心只想追求不無聊的生活。這種理想是高尚的，我絕不會指責，但恐怕像其他的目標一樣，遠非理想主義者所認為的那麼容易實現。畢竟，前一天晚上越開心，第二天早晨就越無聊。

大部分人會經歷中年，也應該會走入老年。但有的人在二十歲時會覺得人生將在三十歲時結束，但我現在五十八歲了，已不再有這種想法。把生命當成資本來消耗是不明智的。無聊是人生不可或缺的一部分，想逃離的渴望也很正常。事實上，只要有機會，不分種族人人都有這種傾向。土著從白人手中品嘗到美酒的滋味時，才終於找到方法來逃離多年來的無聊感，除非政府干涉，他們應該會狂飲到死。戰爭、屠殺和迫害他人都是人類逃離無聊的方法，哪怕與鄰居爭吵也比無所事事要好。因此對道德人士來說，無聊是一個重大的問題，因為人類過半的罪惡都是出於對它的恐懼而產生的。

然而，無聊也不完全是邪惡的。它可分為兩種，生產性（fructifying）的無聊是因為缺少毒品，抑制性（stultifying）的無聊是由於缺乏富有生機的活動。

毒品在生活中也有正面的功用，正如醫生開給病人的麻醉藥。這種情況比禁毒和禁酒人士以為的還常見。但對毒品的渴望絕不是無須遏制的自然衝動，戒除毒癮的無聊感只有時間可以化解。同樣的道理也適用於其他種類的刺激。刺激太多的生活令人疲倦，因為在不斷地強化下，興奮感逐漸成為愉悅的重要因素。習慣過多刺激的人，就像對胡椒粉的病態偏好，就算加到一般人無法承受的分量，他也感到沒有滋味。有種無聊與過度興奮息息相關，刺激過多不僅有損健康，對其他快感也會變得麻木。隔靴搔癢取代了感官的巨大滿足、小聰明取代了智慧、突兀感取代了美。

我並不是要完全反對興奮。定量的刺激是有益健康的，但是就像任何事物一樣，過猶不及；太少會引發病態的渴望，太多則令人疲乏。因此，適當地忍受無聊對幸福生活至關重要，我們應該讓年輕人培養這種能力。

一切偉大著作都有乏味的部分，所有精彩生活都有無趣的章節。如果《舊約》是現代的新書，那不難想像美國出版商第一次閱讀時會做何評論。比方說，對於譜系部分，他可能會說：

親愛的作者，這個章節刺激太少，你不能指望讀者對這一大串人名感興趣，況且你也沒介紹他們的背景。我必須承認，你的故事開頭很不錯，令人印象深刻。但是，你有太多東西要一口氣全說出來了。請挑選重點、剔除冗雜的內容，等你把全書刪減到合理篇幅時，再發回給我。

這位出版商會這麼說，是因為他知道現代讀者深怕無聊。對於儒家典籍、《古蘭經》、《資本論》等暢銷過的經典，他都會這麼說。除了這些大作，最好的小說中也都包含枯燥的內容。一部從頭到尾都光芒四射的小說，肯定不是好作品。

就算是那些偉大人物的生活，也只有少數的高光時刻，並不會一直精彩。蘇格拉底可以一次又一次地參加宴席、與弟子辯論，毒藥發作的時候，他也能從談話中獲得巨大的滿足，但是他生命中大部分的時間都只能和妻子相處，有時一起散散步，也許路上會碰見幾個朋友。康德一輩子從沒離開出生地柯尼斯堡方圓十公里。達爾文環遊世界後，剩下的大半輩子都待在家裡。馬克思掀動了幾次革命後，決定在大英博物館裡度過餘生。

由此可知，偉大人物都樂於享受寧靜的生活，在外人看來，他們的快樂並不特別新奇。但沒有持久的辛勞，就不會有偉大的成就。全神貫注、度過重重難關，才能有一番成就，所以他們就沒什麼精力去從事需要費神的娛樂。不過爬阿爾卑斯山是不錯的活動，有助於養精蓄銳。

學著忍受單調乏味的生活，這種能力應該在童年時培養。現代家長在這方面做得並不好，他們給孩子太多被動的娛樂，比如看表演和享用美食，卻沒有意識到孩子也需要平淡的生活。

我們應該讓孩子憑著自己的努力和創造力從周圍環境中汲取樂趣。讓人興奮又無須體力勞動就能得到的娛樂，比如說看舞台劇，絕不能常有。興奮在本質上是毒品，對它的需求只會越來越多，而消極被動的身體與人的本能相悖。孩子就像幼小的植物，在自己的土壤中自然發展就好。太多的旅行、不同的風光印象，對小孩沒有好處，因為長大後他們會無力忍受追求成功所需的單調生活。

單調乏味也不是萬能，但唯有生活有些微的無聊，我們才能體驗到某些美好的事物。以華茲華斯的《序曲》（*The Prelude*）為例，每個讀者都會意識到，這首詩的深度思想和感情是那些世故的都市年輕人所無法理解的。男孩和青年如果心懷嚴肅而有建設性的理想，就會甘願忍受巨量的枯燥，只為達成目標。若他們的生活中充滿干擾和消耗性的事物，那就不容易培養遠大的目標。因為他的思緒都放在當下的歡樂，而不是將來的成就。

總之，無法忍受無聊的一代將是渺小的一代，他們無法配合緩慢的自然進程，每個富有生機的衝勁都逐漸枯萎，就像瓶子裡被剪下的花一樣。

我不喜歡帶有神祕感的語言，但是不借助詩意、只用科學詞彙，就不知道該如何表達我的想法。無論如何，我們都是大地上的生物，就像其他動植物一樣，從土地汲取養分，所以生命都歸屬於大自然。大地的節奏是緩慢的，秋冬和春夏同樣重要，休息和行動同等關鍵。配合大自然的興衰起伏，對孩子比對成人更重要。經過漫長的歲月，人類身體已適應這種節奏，還放入宗教的節日中，如春分時節的復活節。

有個自小在倫敦生活的兩歲男孩被帶去野外散步後感到興奮不已。當時是冬天，一切事物都潮濕而灰暗。在成年人眼裡，野外沒有使人開心的事情，但那個男孩卻意外地的狂喜不已。他跪在潮濕的土地上，把臉埋入野草中，發出含混不清的快樂叫喊。他體驗到的是原始、單純又巨大的快樂，而每個心智健全的人都會渴求這種根本的感官需求。

許多娛樂並沒有與大地連結，賭博就是很好的例子；有些人一戒賭就會感覺生活枯燥無味而不滿足。他會覺得有所缺乏，但那是什麼自己也不知道。這類娛樂不會帶來任何喜悅。另一方面，與大地的生命有所連結，這樣的娛樂能帶來巨大的滿足。雖然親近大自然不會令人感到特別興奮或放縱，但就算暫時中斷，這種快樂仍會延續下去。

從最簡單到最文明的活動都可以做出這種區別。那位男孩是直接地與大地融為一體，但有些人是從藝術中尋找這種連結。莎士比亞的抒情詩會高人一等，是因為內容充滿了擁抱大自然的樂趣。例如《辛白林》中的「聽啊！聽啊！雲雀在高唱」或是《暴風雨》中的「走上這片金黃色的沙灘」。這些文雅措辭所表達的情感，也是那兩歲小孩在快樂喊叫中想表達的。

愛情和純粹的性也有如此的區別。在愛情中，身體和心靈都會有如新生、煥發活力，就像經雨水澆灌的旱苗一樣。但單純的性行為只是種短暫的愉悅，結束時，人們會感到疲倦、噁心和空虛。愛情是大地生命的一部分，單純的性卻不是。

現代都市人所承受的無聊，其實是起自於與大地生命的分離。生命因此變得燥熱、充滿塵土，且令人焦渴難耐，就像到沙漠中朝聖。對於有錢、能選擇自己生活方式的人來說，無聊是起自於對無聊的恐懼，雖然這聽上去有點自相矛盾。但為了從那種生產性的無聊中解脫，他們陷入了其他更有害的無聊。幸福的生活大多是平靜的，因為真正的快樂只存在於靜謐的環境中。

第五章 疲勞：精神過勞的壞處

疲勞分為很多種，當中有幾種會阻礙幸福。身體的疲勞只要不過度，反倒會成為幸福的緣由；它有助於良好的睡眠和食欲，還會讓人對歡樂假期產生強烈期待，但是疲勞過度就不好了。在先進社會以外的各地農村，女性三十歲就會變老，因為過度勞動令人身心俱疲。在工業時代早期，孩子們常常發育不良，年紀輕輕就因過度勞動而夭折。這類事情目前仍在中國和日本發生，那裡工業化才剛剛開始，美國南方也是如此。過度的體力勞動是一種折磨，那樣的生活令人無法忍受。

在現代世界最發達的社會中，勞動條件已有所改善，勞工的身體疲勞程度也大幅降低。不過在這些地方，精神疲勞卻最為普遍。說來奇怪，富人階層最常有這些問題，商人和腦力工作者其次，勞動階級最少。

現代人很難避免有精神疲勞的問題。

首先，不管在工作或通勤的時間，城市的工作者都暴露在噪音中。雖然他們已學會了有意識地置之不理，但還是會受到折磨，因為潛意識仍然在努力抗拒。

還有一種疲勞很少人注意到，那就是不斷和陌生人接觸。和其他動物一樣，出於自然本能，人類會探查群體內的每個陌生人，盤算著該向對方表示友好還是敵意。不過，在尖峰時間坐地鐵的上班族得壓抑這種本能，但久而久之，就會對這些陌生人懷抱無法寧息的憤怒。他們還得匆忙地趕早班車以及承受消化不良的痛苦。總算到達辦公室開始一天的工作時，這些身著黑色大衣的勞動者早已精神疲憊，對於人類充滿恨意。

他們的老闆也帶著同樣心情上班，所以不會試圖緩解員工的糟糕心情。為了避免被解雇，員工表面上得恭恭敬敬，但是這種不自然的行為只會讓精神更疲勞。如果老闆允許員工每週捏一下他的鼻子，或能盡情說出對老闆的想法，員工的神經緊張就會得到緩解。但是老闆也有自己的煩惱，公司的問題也不能因此解決。員工恐懼失業，正如老闆害怕破產。

有些人確實事業做得很大，不用擔心公司的營運問題，但要坐上這個位置，也已經經歷了多年艱苦的奮鬥，他們對世界上的任何事都保持警覺，還要一直瓦解競爭者的攻勢。最終，當巨大的成功到來時，他已然精神崩潰。他太習慣焦慮了，即使危機已過去，他也仍然不能改掉這種習慣。

即使是富二代也會給自己製造一些焦慮，彷彿自己不是含著金湯匙出生，有各種世俗的煩惱。由於賭博，他們惹得父親不滿；由於放縱享樂、睡眠減少，他們身體變差；而安定下來時，他們就喪失了感受快樂的能力，就和他們的父親一樣。

不管是自願還是逼不得已，也無論是否為個人選擇，現代人都過著充滿焦慮的生活，身心俱疲，不借助酒精就無法享受生活。

且把這些富人放在一邊，他們只是一些蠢貨而已。讓我們看看更普遍的例子，也就是因艱苦求生而疲勞的人。

這些人疲勞是因為憂慮，而良好的生活哲學和精神自律可避免這問題。但大多數人都無法控制自己的思緒，也無法停止煩惱，但是又沒法解決。男人們把工作上的焦慮帶上床。他們本該在夜晚養精蓄銳，卻一遍又一遍思考當下也解不了的難題。他們不是在為明日的行動制定步驟，而是像失眠一樣神經質地胡思亂想。某些午夜時的瘋狂想法會縈繞在他們腦海直到清晨，干擾他們的判斷，擾亂他們的脾氣，令他們一有困難就怒不可遏。

聰明人只在有必要時才會去思考當前的麻煩，其他時間思考別的事情，在夜晚則什麼都不想。當然，在面對棘手的巨大危機時，我們很難什麼都不想，比如瀕臨破產或有合理證據懷疑妻子外遇時，唯有少數極度自制的人才能保持冷靜。但在平常生活中，除非遇到必要的事情，否則是可以學著放下煩惱。

培養有序的心靈，就可以大大提升幸福感和效率。你會在正確的時間好好思考一件事，而不是隨時都在做無謂的煩惱。在面對緊急、艱困或令你擔憂的決定時，先準備好所有的相關資訊，然後就全力思考；做完決定後，就不要再改動，除非你又了解到一些新的情況。優柔寡斷最讓人筋疲力盡了，而且又毫無意義。

很多擔憂都可以透過這種方式消除，即意識到煩惱的起因並不嚴重。我做過無數次的公開演講。一開始每個觀眾都令我害怕，所以我也講得很糟。這種折磨令我恐懼不已，每次演講前都恨不得摔斷自己的腿，結束時又已經因為緊張過度而精疲力竭。但是，我漸漸告訴自己，講得好或壞並不重要，因為地球還是依然在轉動。後來，我越是不在意自己的表現，我說得就越好，緊張感也就逐漸消除了。

很多精神性的疲勞都可以用這種方式解決。我們的所作所為往往沒有自己所認為的那樣重要，個人的成功和失敗也不會改變什麼。即使陷入巨大的悲痛中，還是有人可以熬過去。有些看起來會摧毀幸福的煩惱，也會隨時間的推移而被淡忘，直到你記不得當年的辛酸。更重要的是，撇開那些個人的煩惱，自我並不是世界的主要成分。把思緒集中在自身以外的事情，才能在日常生活中找到一些寧靜。過於自我中心的話，就很難停止憂愁。

精神健康的研究目前還不多。工商心理學的專家仔細研究過疲勞的問題，而統計資料證明，持續做一件事情的時間夠長，人們最終會非常疲憊——這個結論不用實驗也能猜到。心理學家對疲勞的研究主要集中在肌肉方面，也多少研究過學齡兒童的問題。

然而，這些研究沒有一個切中要害。真正重要的疲勞是現代人的情緒問題。用腦過度就像肌肉痠痛一樣，在睡眠中就可以緩解。需要大量腦力的複雜計算工作，只要無須投入感情，每天晚上好好睡一覺就能消除疲勞。過量工作的害處跟工作內容無關，而是擔憂或焦慮所導致的。

情緒疲勞的麻煩之處在於令人無法好好休息，精神越是疲憊，就越睡不著。瀕臨精神崩潰的工作者會堅信自己的工作極其重要，放假的話會帶來各種災難性的後果。如果我是醫生，就會給這些病人開一劑良藥：假期。

從我個人所知的相關案例來看，他們都有情緒上的困擾，而當事人正是為了逃避那樣的現實才努力工作，否則沒有任何事情可以轉移他的注意力，讓他停止思考自己的不幸或各種困境。當然，對破產的恐懼確實跟工作直接相關，但是憂慮過度的話，當事人就會因工作時間過長而失去判斷力，也更容易破產。無論如何，引發崩潰的都是情緒，而不是工作本身。

憂慮的心理效應絕不容小覷。我已經論及精神自律，即培養習慣、在正確時間思考事情。它的重要性在於：第一，我們能以更少的腦力來完成一天的工作；第二，它對失眠是一劑良藥；第三，我們能更迅速、更明智地做決定。但是這套方法並不觸及潛意識或無意識，若憂慮過度的話，除非深入意識層面以下，才有可能找到解答。

心理學家做了大量的研究來了解無意識如何影響意識，但反向的研究比較少。後者在精神健康問題上極其重要，如果理性的想法能影響無意識，那就有必要加以練習。這一點對憂慮問題特別重要。我們很常告訴自己，不管發生什麼壞事，太陽依舊會升起，但這種想法與說法通常只停留在意識層面，等到夜幕降臨後，我們還是會非常煩惱、甚至還做惡夢。

我個人深信，付出足夠的精力和意念的話，意識就可以植入無意識中。大多數無意識的念頭都是高度情緒化的想法所構成的，並被埋藏在內心深處。若能刻意去掩埋某些念頭，我們就能引導無意識去做更多有用的工作。

比如說，如果我不得不寫一些很難探究的主題，那最好的方法就是花上幾小時或幾天，以最大精神的強度去思索它的結構與內容，直到全都放進潛意識中。幾個月後，當我再度探索這個題目時，很快就能完成工作。發現這個技巧前，我老是憂心忡忡了好幾個月，工作又毫無進展。但光是煩惱也不能解決問題，反而浪費許多時間，而現在我可以更多精力用在其他事情上。

同樣的方法也適用於各種焦慮。遇到某些麻煩時，應該嚴肅而深入地思考並預想最壞的情況，接著找出一些正當的理由，說服自己相信天不會塌下來。這類理由永遠都存在，因為即使最壞的事情發生，世界還是會繼續運轉。在一段時間內堅定地正視最壞的可能，並用真切的態度對自己說：「煩惱到此為止，那也沒什麼大不了的。」憂慮會因此大為減少。這個過程要重複多練習才有用，只要你能充分面對最壞的情況而不逃避，憂慮就會通通消失，並且被一種愉悅感所取代。

以上是一種普遍好用的規避恐懼之技巧。憂慮是一種恐懼，而所有的恐懼都會令人疲憊。只要學會不擔心，平日生活的疲勞就會大大減少。

最有害的恐懼是我們不願意正視某些危險。有些可怕的念頭會侵入我們的腦海，雖然內容因人而異，但是每個人心中都暗藏著某些恐懼。有的人擔心得癌症，有的人怕破產。有些人懷抱難以啟齒的祕密，或是被妒火中燒所折磨，又或是在夜晚想到，童年時聽說的死後下地獄是真的。他們都用了錯誤的技巧來應對恐懼，也就是說，只要一想到害怕的事，就試著用娛樂、工作或其他想法來分散自己的注意力。無論面對哪種恐懼，不去想它的話，它就會變得更可怕。越是努力轉移注意力、想要轉移目光焦點，就更加坐實那個幽靈的駭人之處。

恰當的做法是集中精力，理性並平靜地思考自己的恐懼，直到對它非常熟悉。等你習以為常後，它的可怕之處就淡化了，甚至變得枯燥無味。這樣一來，不用刻意改變潛意識，注意力自然會轉移，對你說恐懼的事情缺乏興趣。因此，當你發現自己有所擔憂，最好的辦法就是花費更多精力來思考它，直到對它的過度執著消褪。

現代倫理學的最大敗筆就在於沒有好好處理恐懼。我們都期待男性擁有肉體上的勇氣，尤其是在戰爭中，但是除此之外，他們在其他方面不需要有勇氣，女性在各方面也都要表現溫馴。女人若想要男人喜歡她，就要藏起自己勇氣。勇於表現自己的男人也會讓人覺得有毛病，除非他面臨身體上的威脅。因此，我們絕不可以違逆多數人的看法，這是一種挑釁，而大眾會竭盡所能懲罰藐視權威的人。

社會風氣不該如此。不管是男性還是女性，各種勇氣都應該受到推崇，正如士兵應該勇於發揮體能。年輕男性普遍熱愛運動與戰鬥，足以說明勇氣可以應公眾需求而產生。勇氣越多，憂慮越少，疲勞也就越少。精神疲勞主要源自於恐懼，不管是在意識層面或無意識層面。

疲憊還有一個常見原因是對刺激的嗜愛。在睡眠時間好好放鬆和休息，就能保持健康，但有些人的工作太單調了，所以想在自己的自由時間多做點娛樂。可是問題在於，那些最容易獲得的和表面上最有吸引力的娛樂，都會讓人精神疲憊。

對刺激的渴望如果超過某個臨界點，就有可能是當事人的性情古怪，或是某些本能需求很難滿足。從前，男人們都不覺得幸福的婚姻有多有趣，但現代人比較晚婚，直到經濟條件足夠時才會結婚，那時雙人都習慣追求生活上的刺激，雖然在短期內能自我壓抑，但是長期來看很難。如果社會鼓勵大家在二十一歲的時候結婚，且不用背負如今婚姻生活的經濟負擔，很多男人就不會在工作外去追求令人精疲力竭的享樂。

雖然如此，建議早婚其實是不道德的，只要看看林賽（Ben B. Lindsey）法官的遭遇就能知道。儘管有漫長而充滿榮譽的職業生涯，他卻一直忍受謾罵詆毀，只因為他想解救年輕人的境遇，並推翻老一輩的固執做法。但我現在不會對這個話題有過多討論，等到跟「嫉妒」相關的章節再做說明。

有些人沒有能力改變自己國家的法律和制度，很難應對衛道人士所創造的壓迫社會。但是不管怎麼說，過於刺激的享樂並不是通往幸福的正確道路。當然，若是過得不滿足又不快樂，就會很難忍受生活的艱難，就更渴望刺激。對於謹慎的人來說，唯一可以做的事情就是節制而不放縱。太多享樂不僅有害健康，還會干擾工作。

要徹底解決年輕人的煩惱，關鍵在大眾道德觀的轉變。年輕人也最好想想，如果目前的生活方式會影響到自己未來的婚姻幸福，那他們最好也有所改變。神經太緊繃，又逐漸無能去享受溫和的娛樂，就會很難擁有美滿的家庭。

精神疲勞的不良後果之一，是導致當事人和外部世界越來越疏離。他變得沉默，對世界的印象也開始模糊。他經常漠視他人，也很容易被別人的小伎倆或壞習慣激怒。他再也無法從陽光和食物中獲取快樂，對一些小事情很敏感，對其他事情則無動於衷。他無法好好休息，疲勞持續累積，直到需要藥物治療。說到底，這些問題都是遠離大自然所受到的懲罰。但是，在現代都市與龐大的人群中要如何與大地保持連結，確實不是件容易的事，這牽涉到很多社會問題，但我在本書不會進一步討論。

第六章　嫉妒：通往快樂的巨大絆腳石

嫉妒可能是讓人不快樂的最重要原因，僅次於憂慮。我得說，這也是人類最普遍且最深植於心的情感。嬰兒在周歲以前，就會表現出嫉妒了，因此每個教育者都得溫柔謹慎地對待孩子。父母所表現出的輕微偏愛或厭惡，孩子們都會觀察到並記恨在心。因此，有孩子的人一定要公平分配資源，以保持絕對、嚴格又始終如一的原則。

孩子在表達嫉妒和吃醋比較直接，但成年人也普遍有這種情緒。小時候我家裡有名女僕婚後懷孕時，家人請她不要再提重物了，結果其他女僕也馬上不提了，所以我們只好自己去幹那些活兒。

嫉妒是民主的基礎。希臘哲學家赫拉克利特說，以弗所的公民都應該被絞死，因為他們說：「在我們之中沒有哪個人應該居於首位。」希臘城邦的民主運動必定是受這種激情所啟發。

民主政治同樣如此。現代確實有一群理想主義者認為，民主是最好的政治制度。這種觀念是對的。但沒有哪種理論強大到足以讓現實政治產生巨變，就算真的發生，政治參與者也只是用它來偽裝內心的激情。毋庸置疑，這種情感是由嫉妒引發的。法國的羅蘭夫人向來被認為是高貴的女士，素懷獻身人民的熱忱。但讀她的回憶錄會發現，她會成為堅定的民主人士，是因為她以前去拜訪一座貴族城堡時，曾經被帶到下人的房間。

對任何一位體面的女士來說，嫉妒是生活中極其重要的部分。在地鐵上，若你看見一位衣著光鮮的女士走過車廂，其他女人就會有所反應。除非穿得更好的人，否則她們都會用惡意的目光盯著她，並設法貶損、評論她。熱愛聽講八卦更加體現了這種普遍存在的惡意。哪怕是捕風捉影，只要出現對某位女士不利的故事，人們就會立刻相信

崇高的道德觀也有一樣的功用。大家會羨慕有機會做壞事的人，而懲罰他們的罪過變成一項美德，還能帶來充分的滿足感。

同樣的事情也發生在男性身上，但不像女性把其他女性看作競爭對手，男性只把同

行當成對手。請問讀者朋友們，你們有沒有過冒失地當著一位藝術家的面讚美另一位藝術家？你們有沒有過對一位官員讚美另一位同黨的官員？你們有沒有過在一位古埃及學家面前稱讚另一位古埃及學家？如果你做過這種事，一百次中總有九十九次，對方的嫉妒心會大爆發。

德國哲學家萊布尼茨與荷蘭數學家惠更斯（Christiaan Huygens）通信時，多次為牛頓發瘋的傳聞悲嘆。他們寫道：「這位無與倫比的天才喪失理智、精神失常，真是令人感到悲傷。」這兩位傑出人士，一封接著一封寫，抹著鱷魚的眼淚，明顯在享受這項消息。事實上，他們為之哀嘆的事情根本不存在，但牛頓確實有些古怪的舉動，所以才引來這些謠言。

在一般人的所有情緒中，嫉妒的負面效應最大。善妒的人隨時都想害人而免受懲罰，但也備受嫉妒所折磨。他本應從自己擁有的事物中找尋快樂，實際上卻從別人擁有的事物中找到痛苦。有機會的話，他會剝奪他人的利益並確保自己擁有相同的利益。

這種情緒失控的話，社會上許多成就會被破壞、傑出人士也會受影響。不少人會抱怨，為什麼醫生能乘車去看診，而自己只能走路上班？為什麼科學家能在溫暖的室內工作，而自己只能在戶外面對惡劣天氣？為什麼某些舉足輕重而的人可以不用辛苦地做家事？對這些問題，嫉妒不會找到答案。幸運的是，人類本性中有一種與嫉妒互補的情感，就是羨慕。想要增加幸福感，我們都可以試著多羨慕、少嫉妒。

那嫉妒的解藥是什麼呢？對聖賢來說，就是無私，儘管聖賢之間也會互相嫉妒。苦行者「登塔者西蒙」若得知其他人在更窄的柱子上站得更久，不知是否會開心？拋開聖賢不談，對平常人來說，化解嫉妒的唯一解藥是快樂，但困難在於，嫉妒確實是通往快樂的一大阻礙。

在我看來，嫉妒起源於不幸的童年經歷。有些人覺得兄弟姊妹比更受寵，也逐漸養成嫉妒的習慣。進入社會後，他把焦點放在自己所受到的不公平待遇，仔細觀察蛛絲馬跡，就算沒有具體事證，他也會想像它們存在。這種人必然過得不快樂，而且會變成朋友們眼中的討厭鬼，因為大家得設法記住他的敏感處，以免他又以為自己被輕視了。他常常覺得沒有人喜歡他，久而久之，他的所作所為會讓他的想像變成現實。

同樣地，雖然有父母，但沒有受到多少關愛的孩童，嫉妒心也特別強。即便沒有與之爭寵的兄弟姊妹，他也會覺得其他家庭的小孩比自己更受父母關愛。他討厭其他小孩，也厭惡自己的父母，長大之後，還會覺得自己就像被流放的以實瑪利。有些快樂是每個人天生就有的權利，如果被剝奪的話，必然會助長內心的戾氣和怨恨。

善妒的人會說：「就算我知道解藥是快樂又有什麼用呢？你跟我說，如果找不到快樂，我就會繼續嫉妒別人。但我無法停止嫉妒，又怎能找到快樂呢？」但是現實生活不需要這麼合乎邏輯，僅僅是意識到嫉妒的起因，就已經朝自我解救邁出一大步。

從比較出發的思考模式非常有害。若經歷愉快的事情時，就要盡情地享受它，不要停下來去想：「也許跟別人的幸福相比，我這份快樂算不了什麼。」善妒的人會說：「今天很晴朗，正是春天，鳥語花香，但是我覺得西西里的春天要漂亮千倍，希臘赫利孔山的鳥鳴也更加婉轉，《聖經》中沙崙的玫瑰比我花園裡的更迷人。」當他這麼想的時候，陽光黯淡了，鳥鳴失去了意義，鮮花也不值得一賞。對生命中其他愉悅，他也會用相同的方式思考。他會自言自語道：「我心愛的女人很可愛，我愛她她也愛我，但是示巴女王比她更加美麗！啊，如果我能像所羅門王那樣接近她該有多好。」

這些比較都毫無意義，也十分愚蠢。不管是示巴女王或鄰居的女子，都不該是你對人生不滿的原因。聰明人會對自己所擁有的事物感到滿足，而這種快樂不會因為別人擁有的東西而減低。

事實上，嫉妒是一種罪過，部分是道德問題，部分是智慧問題，關鍵在於，當事人從來不看事情本身，而是從相關的事物去比較。比方說，我賺了能滿足生活所需的工資，就應該感到滿意，但只要聽說有些能力差的人薪水是我的兩倍，我就會立刻感到嫉妒，原有的滿足變得不值一提，內心被不公平的感覺所吞噬。

要化解這些煩惱，最合適的解藥是精神上的自律，並排除對自己無益的想法。畢竟，有什麼比快樂更值得羨慕的呢？如果能治好自己的嫉妒，我不僅可以變快樂，還能讓別人豔羨。工資比我高兩倍的人，無疑會嫉妒工資高我四倍的人。以此類推，如果你渴望成就偉大功業，就會嫉妒拿破崙，但是拿破崙也嫉妒凱撒、凱撒嫉妒亞歷山大……我敢說，亞歷山大也嫉妒海克力士，而此人根本就是神話人物。因此，僅靠成功是不可能擺脫嫉妒的，因為在歷史或神話裡總有人比你更有成就。因此，享受自己遇到的樂事、做好自己的本分，不去想像其他人比你更幸運（反正那也是不真實的），就能避免嫉妒。

不必要的謙虛和嫉妒有很大關係。大家都說謙虛是一種美德，但是我很懷疑過分謙虛是否為好事。謙虛的人需要別人給他們很多寬慰，而且經常不敢嘗試自己本來能做到的事情。他們覺得自己不如那些平日常來往的人，因此更容易有嫉妒心，甚至釀成不幸福感和病態心理。

在我看來，讓孩子覺得自己很優秀是非常重要的。某隻孔雀不會嫉妒其他孔雀的尾巴，因為牠覺得自己的尾巴是全世界最好看的。孔雀是性情溫和的鳥類不是沒有道理的。想像一下，如果孔雀被教育說自我感覺良好是不對的，那牠的生活會有多不快樂。只要牠看見別的孔雀開屏時就對自己說：「我絕不可認為我的尾巴比牠們的還美，因為那是自負，但是我多希望自己出眾過人啊！那隻醜鳥多麼確信牠自己的美！我要不要拔幾根牠的羽毛呢？也許我就不會再怕跟牠比較了。」

或許牠會給對方製造陷阱，然後證明對方違背群體的行為準則、是壞孔雀，再向領祂告發它。漸漸地，牠會建立起一種原則，即有格外好看尾巴的孔雀一定壞胚子，而睿智的統治者會獎勵謙遜的孔雀，儘管牠們的尾巴上只有幾根醜兮兮的羽毛。這種原則普遍實行後，謙遜的孔雀會把美麗的孔雀都置於死地。直到最後，美麗的尾巴會成為歷史，只存在於過去的黯淡回憶。偽裝成道德的嫉妒終於獲勝。

然而，所有孔雀都認為自己很優秀時，就不會想迫害同類了。每隻孔雀都覺得自己出類拔萃，也覺得自己的配偶很可貴，它們都相信自己在群體中是成功的一員。

當然，嫉妒跟競爭有密切關係。我們不會嫉妒那些家財萬貫的富人，因為他們太遙不可及了。在封建社會，底層的人不會嫉妒上層，因為他們認為貧富差距是天註定的。乞丐不會嫉妒百萬富翁，但一定會嫉妒比他們更成功的乞丐。

在現代世界，社會地位是流動的，社會主義和民主的平等原則更加普遍，所以人們會嫉妒的事情也變多了。這是一種必要之惡，但為了實現更公平的社會體系，我們也不得不承受。只要人們理性地思考社會的不平等現象，就會認為它不公正，除非它以卓越的功績為標準。當大眾認為社會不公平，由此引發的嫉妒就無藥可救，除非不公不義的事情被消滅。

因此，這是嫉妒大行其道的時代。窮人嫉妒富人、貧窮的國家嫉妒富有的國家、女人嫉妒男人，賢良的女人嫉妒那些放蕩卻不受懲罰的女人。

雖然嫉妒是各個階層、國家和性別邁向公平的主要動力，但事實上，出於這種情感所創造的平等體系最為有害。它旨在消滅幸運之人的幸福，而不是增加不幸者的福祉。在個人生活中具有毀滅性的情感，在公共生活中也一樣有破壞力。我們難以設想這種負面的情感會產生什麼好的結果。因此，若理想主義者希望我們的社會體系產生巨大變化，就必須寄希望於其他力量，而非嫉妒。

所有不好的事情都會互相連結，當中任何一項都可能成為其他事情的起因。疲憊更是嫉妒的常見起因。當我們感到無法勝任當前的工作時，就會感到不滿，並開始嫉妒工作負擔輕的人。這時解決方法就在於減輕疲勞。

但最重要的還是確保生活與本能的基本需求獲得滿足。許多跟職業有關的嫉妒心情，其實是出於性生活的不滿足。在婚姻和家庭中感到滿足的男人，不太可能去嫉妒更富有或更成功的男人，因為他非常幸福，並按照正確的方式養育孩子。幸福的本質很簡單，以至於世故的人無法承認自己真正缺乏的是什麼。有些女人之所以會嫉妒其他打扮漂亮的女人，一定是部分本能需求沒有獲得滿足。在英美國家中，很少人得到本能上的快樂，尤其是女性。

在這一點上，文明的發展似乎走偏了。如果要減少嫉妒，就要找到補救方法，否則仇恨就會橫行，文明並隨之湮滅。

以前人們只嫉妒自己的鄰居，因為對其他人所知甚少。現在透過教育和媒體，他們間接地了解其他階級的人，雖然那些人他們一個也不認識。他們從電影得知富人怎麼生活，從報紙上得知其他國家有多邪惡。在政治宣傳下，他們知道了其他膚色的人是如何為非作歹，因此黃種人恨白種人、白種人恨黑種人……以此類推。

有些人說，這些仇恨都是政客造成的，但這種解釋很膚淺。為什麼宣傳仇恨比宣傳友誼更容易成功？答案很明顯，現代文明讓人類的心靈更傾向於仇恨而不是友誼。

人們喜歡仇恨彼此，是因為內心有所不滿，甚至是無意識地感到自己失去了生活的意義，並嫉妒他人獲得大自然的餽贈並得以享受生活。就現代人的生活來看，各方面的快樂肯定比原始人還多，但對於能擁有什麼，每個人也想得更多。

去動物園觀察一下，當猿猴不在練體操或敲核桃的時候，牠們的眼中有一種古怪的悲傷。也許牠們覺得自己本可以變成人，但是找不到辦法。牠們在演化的道路上迷失了方向，雖然表親繼續前進，自己卻落後千萬里。

同樣的焦慮和痛苦也進入了文明人的靈魂。我們知道有些東西比現有的更美好，似乎觸手可及，卻不知道它們在哪兒，也不曉得該怎麼找到。在絕望中，我們對鄰人大發雷霆，而他們也同樣迷茫，同樣不快樂。

我們已經到達了演化的新階段，但還不到終點。我們必須儘快度過這個階段，否則大多數人都會毀滅，有些人也會在疑慮和恐懼的森林中迷失。嫉妒雖然邪惡又會帶來可怕的後果，但並不完全是魔鬼的把戲。它多少是在展現人類的悲壯與痛苦。為了找尋更好的休憩之地，我們盲目穿行於暗夜，但也許只能抵達死亡和毀滅。如果要從絕望中找到正確的道路，文明人就必須擴展心靈，如同擴展頭腦一樣。我們必須學會超越自己，從而在宇宙中獲得自由。

第七章　無用又無益的罪惡感

關於罪惡感，我們已經在第一章有所論述，但是現在必須進行更詳細的說明，因為這個潛在的心理因素導致成年人生活不幸福。

現代的心理學家大多不接受傳統宗教中的罪惡心理學，後者尤其以新教徒為代表，他們認為良心在受到誘惑時會提醒自己哪些行為是有罪的。做出行動後，他也許會經歷以下兩種痛苦：其中之一叫懊悔，這種情感沒有任何優點；另一種叫懺悔，這種情感可以洗淨他的愧疚。在新教國家，很多喪失信仰的人也會繼續保留這種正統的罪惡觀，只是多多少少會有些改變。

在今天，由於精神分析的興起，情況反過來了。不僅非正統的信徒拒絕接受刻板的罪惡觀，很多傳統的信徒也改變立場。良心已經不再是神祕的事物，也不見得一定是上帝的聲音。

良心所禁止的行為在世界各地方都不同，也大多與地方族群的風俗習慣相一致。因此，所謂「受到良心譴責」的根本意義是什麼呢？

良心這個詞包含了多種不同的情緒，其中最直接的就是擔心被人發現。

我敢肯定，諸位讀者過得是完全問心無愧的生活。但那些做虧心事的人在事跡敗露時，必然會產生懊悔之心。我不是在說小偷和罪犯，他們本來就知道坐牢是犯錯所須承擔的風險。我指的是「體面的罪人」，比如在緊急時刻挪用公款的銀行經理，或者被不當情欲引入歧途的教士。如果被發現的可能性很小，這些人會忘記自己的罪行，但是一旦被發現，或者有風險提高，他們就後悔自己應該更高尚些，並深感自己的罪孽深重。

跟這種情感密切相關的，是害怕被群體放逐。賭博時出老千或賴帳的人被逮到，內心絕對無法抵擋眾人的憎恨。他們不像宗教改革者、無政府主義者和革命者，這些人都不擔心當前的命運，因為他們深信自己擁有未來；現在有多少詛咒、未來就有多少榮光。儘管面對全體眾人的敵意，也不會覺得有罪惡感。但是完全接受社會道德觀的人若違反規範，並且因此喪失原有的社會地位，他就會變得不快樂。大難當頭的惶恐和痛苦，令他覺得自己的所作所是十惡不赦的。

然而，某些重要的罪惡感背後有更為深刻的東西。它植根於無意識內，不像擔心他人的批評那樣出現在意識層面。有些人意識到某些行為有罪，但深刻反省時卻想不出理由在哪，只知道做了這些事會覺得不舒服。他們希望自己可以戒除罪惡，並在道德上仰慕那些他相信其內心非常純潔的人。他多多少少帶著一些懺悔，悔恨自己為何當不成聖人。實際上，他心目中的道德典範根本無法在日常生活中實現。結果，他一生都懷有愧疚，覺得自己不是最好的人，並且認為悲痛懺悔才是他生命中的高光時刻。

這一切的源頭都來自於他六歲時在母親或保姆懷中接受的道德教育。他因此學到，說髒話是有罪的、談吐應該要優雅、壞人才會喝酒、吸菸是低俗的。他還提醒自己絕不可以撒謊，最重要的是，任何跟性有關的興趣都是有罪的。他知道這些是他母親的觀點，也相信它們是造物主所教導的。被母親或保姆溫柔地照料是他人生中最大的快樂，所以他絕不不可以觸犯道德戒律觸怒她。因此，只要是母親或保姆不贊同的事，他便隱約會感到厭惡。在長大成人的過程中，他會忘記他的道德戒律從哪裡學到的，也忘了做壞事會受到什麼懲罰，但絕不會拋棄這些戒律，深怕觸犯它們就會引禍上身。

這些在童年時學習到的訓誡都沒有合理依據，因此不能用於引導一般人的日常行為。從理性來看，說髒話的人不見得有多壞。雖然如此，每當我們試圖想像聖人的言行時，都會認為不說髒話是首要的美德。仔細想想，這種想像很愚蠢。

同樣的道理也適用於酒精和菸草。很多南方鄉鎮的居民對飲酒沒有罪惡感，反而認為禁酒是褻瀆神明，畢竟我們的主耶穌和使徒是喝葡萄酒的。而要為菸草辯護就比較不容易，因為所有偉大聖賢都生活在香菸發明前的時代。但是禁菸仍然沒有理性論據，許多人只好辯稱說，聖賢不抽菸是因為它是無謂的享樂。這種日常的禁欲行為已經進入無意識中，卻在各個方面發揮作用，令人繼續遵守違背理性的戒律。

在一套合理的倫理學中，任何愉悅都應該受到讚揚，只要它不會給自己或他人帶來痛苦。理想上，只要不會導致嚴重的惡果，有德行的人應該擺脫禁欲主義，容許自己享受美好的事物。

再拿撒謊為例。世上確實有太多謊言，整個社會也都會隨著真理增多而變好；但我確實認為在某些情況下可以說謊，而且每個理性的人也都應該這麼想。某次我在鄉間散步時看見了一隻疲憊的狐狸，雖然已是氣力耗盡，但還是努力在奔跑。幾分鐘後，我看見一群獵人。他們問我是否看見狐狸，我說我看見了。他們又問狐狸從哪條路逃跑了，我就對他們撒了個謊。就算當時說實話，我也不認為那有助於我變成好人。

然而，童年時的性道德教育危害最大。父母或保姆太嚴厲的話，孩子到了五、六歲時，就會打從心裡認為性器官與罪惡有關，以後人生也很難擺脫這種觀念。這種感覺當然會因伊底帕斯情結而加強，因為孩子最愛的女人，是不可能與之有任何性關係的。很多男性成年後會瞧不起有性經驗的女性，而且無法尊重妻子，除非對方討厭性交。但如果妻子很冷漠的話，這些男性又會被本能所驅動去其他地方尋求滿足。即便他得到一時的快樂，也會被愧疚感折磨，無法與任何一位女性發展幸福的關係，不管是在婚姻內還是婚姻外。

從女性方面來看，如果她們從小就被耳提面命要做「純潔」的人，相似的問題也會發生。她會本能性地逃避與丈夫發生性關係，也害怕從中獲得任何快感。

比起五十年前，今日女性在這方面的困境已減輕許多。應該說，在當下受過教育的年輕人中，男性的性生活受罪惡感的扭曲和毒害更深。

目前，雖然有關單位尚未醒悟，但是民眾已開始普遍認知到，即傳統性教育對兒童是有害的。改善的方式很簡單：在孩子青春期以前，不要教給他們任何性方面的道德觀，也千萬別讓他們認為人的生理與身體功能有任何噁心之處。到了青春期，必須授予孩童道德教育時，師長必須確認內容是理性的，每一點都要有合理的依據。但是我在這裡先不談教育問題，而是成年人該怎樣面對性方面的議題，以減弱過往教育所引發的無謂罪惡感及負面影響。

類似的方法我們在之前的章節中也有提到，即不斷在意識中灌輸理性觀念，迫使無意識改變。人不能任由自己被心情影響，一會兒相信一件事，一會兒又相信另一件事。

當意識被疲勞、疾病、酒精等因素消磨時，罪惡感會明顯加強。而除了酒醉之外，我們在這些時刻聽到的教誨是來自「超我」的指示，正如約翰・鄧恩（John Dunn）在其詩集《危急中的禱告》（*Devotions Upon Emergent Occasions*）所寫：「惡魔生病時想當聖人，而一旦康復了又打回原形。」

但我們也不能因此荒謬地認為，人在脆弱比健康時有更多洞見。在虛弱的時刻，成年人很難抵擋那些不理性的暗示，但它們不可能勝過我們在神志健全時的信念。相反地，我們在身心健康時用理性思考得出的堅定想法，不管在任何時刻都應該貫徹到底。

只要運用正確的技巧，就能修正無意識中那些不成熟的暗示，甚至改變無意識的內容。無論何時，只要你開始對某個行為感到懊悔，但從理性上來看卻沒有什麼過錯時，你就該去反思引發懊悔的原因，並列舉它們的荒謬之處，以說服自己沒有做錯事。

常保信念、多多說服自己，讓它們在無意識留下強大的印象，以對抗幼年時保姆和母親所灌輸的觀念。不要安於在理性和非理性間搖擺，而是要密切地注視非理性的想法，看輕它們、不要受其主宰。每當你的意識中浮現愚蠢的想法或感覺時，就要將它們連根拔起，加以檢視、一一丟棄。不要放任自己搖擺不定，一腳踩在理性的範圍，另一腳被幼稚和愚蠢所絆住。不要害怕顛覆往日的記憶，那些在童年時控制你的人之所以很強大、睿智，是因為當時你弱小又愚笨。現在你已經長大了，你的任務是去檢驗他們是否真的強大又有智慧，去回想他們是否真的值得你不由自主地尊敬。

認真地想想，年輕人受了這麼多傳統道德教育，最終世界是否變好了？仔細看那些正人君子的想法中有多少是單純的迷信。反思一下，為何大家只想用愚蠢的禁忌去壓抑想像中的道德敗壞，卻不肯討論成年人所要面對的道德問題。

到底哪些行為對一般人有害又有誘惑力？比如遊走法律邊緣的商業詐騙、刻薄對待員工、對妻兒冷酷、痛恨競爭對手、殘忍的政治鬥爭——這些才是真正的罪行，而始作俑者往往是那些知名又受人尊敬的公民。他們犯下這些過錯，就等於把痛苦散播給鄰人，把文明繼續推向毀滅。

然而，他們生病時，不會因此覺得自己是得不到神眷顧的放逐者。他們也不會做惡夢，看見母親用責備的目光盯著自己。他們潛意識中的道德觀一點都不合理，因為其童年時期的照顧者保守又迂腐。他們的道德觀不是源自於對集體的責任，而由許多無謂的傳統禁忌組成的。那些保守的病態觀念曾在行將就木的羅馬帝國蔓延。我們所謂的道德規範，其實是被神職人員和精神上被奴役的女性們塑造出來的。今天，想要在現實世界中過著正常人的生活，就要反抗那些病態而無意義的訓誡。

成年人能用這種反抗為自己帶來幸福，不在兩種準則間搖擺，而是依照固定的準標生活。因此，我們應該深刻思考和感受自己理性所說的話。

長大成人後，大多數人都認為不需要再煩惱迷信的問題了。不過這是表面上的，他們沒有意識到迷信仍在暗中潛伏。因此，一旦獲得理性的信念，就必須遵照它的指示、追隨它的發展，並於內心找出與之不符的觀念。當罪惡感時不時增強時，不要把它當作啟示或是神明的召喚，而是要把它當作疾病或個性上的弱點，除非你做了理性道德觀所譴責的行為。當然每個人都須要接受道德約束，但不需要被迷信所綁架。

但就算你違反的是自己的理性原則，我也不認為罪惡感有助於讓你的生活變得更好。罪惡感帶有某些卑微、貶低自我的成分，這對任何人都不會有好處。做錯事的時候，我們應該客觀地檢討自己，如同評價別人一樣，清楚知道這是特定情況下的結果。為了避免再犯，我們應充分認識到它們帶來的壞處，也要小心那些會引人犯罪的條件。

事實上，罪惡感絕不能帶來美好生活。恰恰相反，它讓人不快樂，讓人覺得自己低人一等。如此一來，他就很容易對別人提出過分的要求，也難以在人際交往中輕鬆自在。自尊感低的人，就會怨恨那些傑出或地位高的人。他很難欣賞別人，卻很常嫉妒他人。他在社交圈越來越不受歡迎，也越來越孤獨。

記住，保持豁達大方的態度，不但能給人帶來快樂，也會為自己創造巨大的幸福。這種態度讓你有好人緣。相反地，若被罪惡感籠罩的話，我們就無法過得這麼幸福。

豁達源自於自信與獨立。首先我們得做精神上的整合，也就是說，人性的不同層面，包括意識、潛意識和無意識，需要和諧運作而沒有衝突。在明智的教導下，大多數人都能整合成功，但若所受的教育有問題，內心就很容易感到矛盾。

達成這種和諧是精神分析學家的目標，但是我相信當事人大多數都能自己獨立完成這項工作，只有極端的個案才需要專家協助。因此，我們不該說：「我沒有時間去做心理整合。因為我的生活極其忙碌，只能被無意識繼續操弄。」分裂又自我矛盾的人格會減少幸福感和效率。因此，花時間去整合內在層面絕不是浪費，而且是在高效利用時間。

不過，我們也無須每天花一個小時自我審思，這肯定不是個好方法，因為會助長自我沉溺，而那也是需要治療的問題。和諧的人格應該是向外發展的。

我認為，人應該下定決心秉持由理性所得出的信念，絕不可縱容非理性的信念在心中暢行無阻，更不可讓它控制自己，哪怕是短短的一瞬間。也就是說，當我們又忍不住變得幼稚時，需要充分思考以拯救自己，只要掌握重點，過程就非常快，所需的時間微不足道。

對於不喜歡理性思考的人來說，以上的方法似乎就沒有意義了。有一些人認為，理性充分發展的話，就會扼殺深層的感情。我認為他們完全誤解了理性在人類生活中的功用。

理性不是用來產生情感，但它多少能削弱有礙健康的情感。盡可能地減少憎恨與嫉妒，無疑是理性心理學的功用。不過，這麼做並不會減弱其他情感的力量。理性並不排斥這些情感。動人的愛情、父母之愛、友誼、寬恕、獻身科學與藝術的熱情……都不是理性要意志的情感。理性的人產生這些情感時，也會感到非常高興，絕不會試著減損這些力量。它們都是美好生活的一部分，會同時給自己和他人帶來幸福感。這些情感不存在任何非理性的成分。

相反地，不夠理性的人只能感受到那些無足輕重的情感。因為，理性絕對不會讓生命變得苦悶，因為內在平衡才有這種能力。在思考世事、調用能量去追求外在目標時，理性的人會更加自由。內心衝突的人反而會感覺思路受阻、行動受限，並變得更加苦悶。因此，把注意力和精力向外釋放，才能活得更暢快。

傳統的道德觀過於自我中心，而罪惡感也屬於這種不明智的自我關注。有些人從未被虛偽的道德誘發情緒，所以不用太常發揮理性。但有過這種症狀的人，理性就是必要的醫治手段。這種症狀也許精神發展的必經階段。我認為，能在理性的幫助下跨越這個階段的人，精神的狀態會提升，甚至高過於不曾被這種疾病折磨也沒有治癒經歷的人。

現代人之所以普遍憎恨理性，大多是因為對理性的運作沒有基本的了解。內心分裂的人只想尋找刺激和消遣。他們喜愛強烈的感情，但不是出於什麼理智的原因，而是渴望用它來逃離自我沉溺、逃避思考的痛苦。任何激情都是他們的麻藥，因為他無法感受到簡單的快樂，只有麻醉自己才能從痛苦中解脫出來。

這其實是根深蒂固的症狀，治好這種疾病，我們才能用完整的感知去感受最大的幸福。心靈活躍、記憶清晰，人才能體驗最大的快樂。這是幸福最好的試金石。需要麻醉才能得到的快樂都是虛假的，無法真正讓人真正感到滿足。唯有感官充分發揮作用，完全認知到自己所生活的世界，人才能活得踏實而愉快。

第八章 被害妄想：在乎你的人其實沒那麼多

極端的被害妄是一種精神疾病。一些人會幻想有人企圖要殺害、毆打、責罵或囚禁自己。為了保護自己免受幻想中的施虐者傷害，他們常常傷害身邊的人，所以其人身自由也不得不受限制。

和許多的瘋狂症狀一樣，被害妄想其實是某種心理傾向的極端狀態，正常人多少都有這些念頭。而我不打算在此討論極端狀態，那是精神病學家的工作。我想探討較輕微的症狀，因為它們是不幸福的主因。只要尚未發展成精神疾病，當事人就是有能力自我治療。前提是，要有人正確地引導他覺察自身的困境，並了解病因就在自己身上，而不在於他人的敵意或冷漠。

我們很熟悉這樣的男男女女，他們老是在責怪別人忘恩負義、冷酷無情，而自己是可憐的受害者。這種人很懂得花言巧語，很快就能使認識不久的人產生強烈的同情心。他們講述的事情聽起來都很可信，他們所抱怨的問題也確實不少見。而最後引起聽者懷疑的，是當事人遇到的壞蛋太多、運氣又太差，令人無法置信。按機率來說，每個人在一生中所遇到的壞人和壞事並不會特別多。如果某人在群體中總是受到虐待，那麼問題也有可能出在自己身上，要麼是他從沒有遭受過那些折磨，要麼是他無意識的行為引起了別人不由自主的憤怒。

因此，有經驗的人都會懷疑，說自己總是受到世界傷害的人；他們對這些人並不同情，反而讓這些講述自身遭遇的人更加確認，自己被所有人反對。這種麻煩事實上是很難處理的，因為無論是否表現出同情，都會令對方情緒激動。當有被害妄想傾向的人發現別人相信自己不幸的遭遇時，他會不斷添油加醋，直到非常可信；發現自己的故事別人不相信時，他無非是多了一個他人對他鐵石心腸的例子罷了。這種疾病只能透過聽者的理解來應對。想要這種理解發揮作用，那麼它必須傳達給病人。

在本章中，我想提出一些普遍適用的反思方法，讓每個人都能發現自己或多或少的被害妄想念頭，並加以剔除它們。這是通向幸福之路的重要環節。如果你老是覺得每個人都對你不好，那基本上就不可能感覺到幸福。

最普遍的非理性態度，是受他人的惡意流言所觸動。

我們難免會在熟人背後說他壞話，也會忍不住要批評朋友，但聽到別人如此評論我們時，卻會憤慨又驚訝。大家顯然都從沒有想過，自己在背後議論別人，也當然會被別人暗中批評。雖然這種憤慨很正常，但不斷發展下去就會變成被害妄想。

我們都希望，每個人都對自己溫柔、關愛和尊敬，正如我們看重自己那樣。但許多人都沒有想過，既然自己都不夠尊重他人，那又怎能指望對方用高規格來看待自己。問題在於，每個人看待自己都是優點又多又明顯，然而別人的優點（如果有的話），唯有發揮慷慨善良的精神才能發現。

聽到有人說你壞話時，你會馬上想起之前有九十九次，你寬容地沒有以公平公正地角度批評他，但是你卻忘了，剛好在第一百次時，你輕率地說了他的壞話，並且認為你所說的都是事實。你會覺得，自己都忍了他這麼久，就得到這樣的恩將仇報？但是從對方的角度，他也忍你很久了。他並不知道你以前對他有多寬容，但絕對會牢牢記住你在第一百次相遇時批評他。

如果我們有讀心術，所有的友誼都會煙消雲散。然而接下來的發展好的，我們無法忍受沒有朋友的世界，所以會學習好好愛人，也不再需要裝模作樣，假裝對方是完美的。朋友們有各自的缺點，但整體上都是好相處、是我們所喜愛的人。然而，對方若是如此看待我們，我們就會無法忍受。我們期望朋友認為自己完美無瑕、與眾不同，一旦被迫承認自己有缺點時，就會無法承受。事實上，沒有人應該期望自己是完美的，也不需要過度在意自己的缺點。

被害妄想大多來自於當事人過分誇大自己的優點。假設我是個劇作家，而我深深相信，只要觀眾的品味夠好，就會發現我是當代最傑出的創作者。雖然如此，我的作品卻很少上演，就算有也不叫座。這怪事該做何解釋呢？很明顯，一定是經理、演員和評論家聯合起來對付我。理由肯定是我太有格調了，我絕不會對戲劇界的大人物卑躬屈膝，也不去跟評論家打好關係。我的劇本透露出某些赤裸裸的真理，而被攻擊的人無法忍受。出於以上種種原因，所以沒有人要認可我的作品及其卓越的價值。

同理，某位發明家的心血若不被人賞識，一定是因為大多數的製造商都因循守舊，從不考慮創新。少數思想進步的商人有自己合作的發明家，所以會加以提防，不讓未成名的天才進入這個圈子。還有一些非常奇怪的學術團體，他們經常弄丟別人的手稿，或是稿件沒讀過就直接退回。當發明家向外尋求協助時，這些人都不回應。這樣的怪事該怎麼解釋呢？很明顯，有一群人相互勾結，想瓜分新發明帶來的財富，而不屬於這個圈子的人自然無人理會。

有些人經歷過實實在在的苦難，但卻把自己的經驗無限延伸，變成萬事萬物的關鍵真理。假設他發現了一些涉及政府與情報機關的醜聞，但找不到任何管道去揭露，就連那些有理想的人也不願揭發這些天怒人怨的罪行。雖然這些都是事實，但是他在被各方拒絕後便深信，有權有勢的人都是共犯，要一同維護自身的權力來源。這些受難者非常頑固，畢竟他們的見解確實卻是有憑有據。但他們經歷過的事情太過深刻，所以不在乎更多非親身經歷的事件。這樣一來，他們就會喪失現實感，無法掌握比例原則，只看重那些個案和特例情況。

另外一種常見的被害妄想是某種慈善家，他們總是違反別人的意願「做善事」，如果對方不表示感激，他們就會覺得驚訝又不可思議。

事實上，人們做好事的動機並不如自以為的那樣純潔。對權力的欲望潛伏在暗處，它有很多偽裝，也經常摻雜在做善事的愉快感當中。

有時「做好事」也包括剝奪他人的快樂，譬如勸人戒酒、不要賭博或遊手好閒。這主要牽涉到社會道德因素。為了獲得他人的尊重，所以有些壞事我們不敢做，但內心卻嫉妒能夠去做的人。比如說，支持禁菸法律的人應該都不抽菸，所以吞雲吐霧的樂趣對他們來說是種痛苦。若他們期待哈草族會派代表團來感謝他們幫助自己戒菸，應該會大失所望。所以這些善心人士總是感嘆道，自己一生都奉獻在公共福祉上，但獲益最多的那群人卻不懂得感恩。

過去家庭的女主人對僕人也有類似的態度，因為她們認為自己有責任維繫後者的德性。但如今，雇主與僕人關係比較對立，這種「好心關懷」就沒那麼常見了。

在更高等的政治領域中，類似的事情也在發生。政治家一心一意只為能實現崇高的目標，而他們當初為此才放棄安逸生活、進入公共領域。而一旦民眾反對他們，他們就會驚訝於對方竟不知道要感恩。政治家從來沒有想過，也許他們的所作所為不是為了公共利益，而是有別的目的，也許只是控制欲和權力欲太強。他們在公開場合與黨媒上的官方說法，在其心中逐漸變成了真理。那些帶有政黨色彩的修辭，他們也誤認為是人類動機的分析。等到有一天他們幡然醒悟，發現這一切既噁心又虛幻，就會放棄這個世界（但世人也早就放棄他們）。他們會後悔為公共謀福利，以及自己竟然試圖去做這些不討好的事情。

這些事例可總結成四條普遍適用的箴言，只要充分認識到它們所包含的真理，就可以有效阻止自己的被害妄想傾向：

第一條：你的動機並不總是如你想像的那麼利他。

第二條：不要高估自己的優點。

第三條：不要指望他人像你自己一樣關注你。

第四條：不要以為大多數人都密切關注你，或特別想傷害你。

我會逐一解釋一下這幾條箴言。

慈善家和管理者特別需要常常檢視自己的動機。他們對世界的理想樣貌有自己的想法，也覺得（這種感覺時對時錯）若能實現構想，人類必將過得更好。然而他們沒有充分認識到，被他們治理或幫助的人也有權利按自己的意願來構想世界。管理型的人通常都確信自己的構想很準確，而反對自己的人都是錯的。主觀上的信念當然不見得有客觀上的正確度，而且這種信念經常只是偽裝，以掩飾他左右局勢的成就感。

除了對權力的熱衷之外，這些人還有一種動機很常見，就是虛榮。那些有理想的議員候選人（我以前也是其中一員）常常會為選民的嘲諷而感到失落，因為他們覺得我們是為了「議員」的頭銜才來參加選舉。不過，等到選舉結束，我們有時間去思考時，就會認為那些憤世嫉俗的選民才是正確的。從政的人常常用理想主義包裝簡單的動機，因此某些務實又憤世的民眾對政治家的評價才會那麼直率。

在保守道德觀的影響下，許多人才會懷抱高度的利他主義，但從人類的本性來看，那些理想是很難做到的。而那些自詡為有德性的人士，也都以為自己有辦法實現這些目標。但即使是最高尚的人，其多數行為也包含了自私的動機。這並不可恥，不然人類將無法生存。花時間照看別人吃飽，卻忘了自己吃飯的人肯定會餓死。當然，有些人吃飯只是為了有精力去對抗邪惡，但他們吃下去的東西能否充分消化？口腔分泌出的唾液一定不夠。因此，人應該為了自己的健康與享受而食，而不該只為了公眾福祉。

同樣的道理也適用於其他方面。無論任何事，如果想做得盡善盡美，都需要一定的熱情，但不夠關心自己的話，就很難有這股衝勁。不過，關懷至親也是一種自我關注與出於本能的動機，所以我們才會在敵人面前保衛妻兒。這種利他主義是人性的一部分，但是傳統道德觀的利他主義卻不是，而且也很少人能做到。因此，那些期望自己的德性能得到高度評價的人，不得不說服自己，自己已達到無私的境界（雖然不是真的）。最後，追求聖潔變成自欺欺人的把戲，也很容易導致被害妄想的念頭。

接下來我們討論第二條箴言，高估自己的優點是不明智的，這一點在道德層面我們討論過了。但是道德之外的優點同樣不可誇大。

假如一個劇作家不曾推出叫好賣座的作品，那他應該冷靜思考這種可能性：這些作品都很糟。他不應該認為這是不可能的。若事實真是如此，他就應該像哲學家一樣用歸納法去接受。

歷史上確實有許多被埋沒的人才，但數量比起得到賞識的平庸之徒要少得多。如果一個人確實是時不我與的天才，那他堅持自己的道路也是正確的。但是，如果他只是虛榮心膨脹的庸碌之輩，那最好的選擇就是早點放棄。

若有你渴望創作出世人難解的作品，那就有可能是上述兩種人之一；如果屬於前者，你的堅持就代表勇氣；後者的話，就只是在做無謂的掙扎。但通常要等到他過世一百年後，人們才可能知道他屬於哪一種。

要是你覺得自己是天才，但朋友們都不認同的話，不妨給自己做個測試，雖然不一定準，但很有參考價值。想想看，自己是因為想表達一些觀點或感情才去創作，還是渴望他人的讚美？對於真正的藝術家來說，後一種欲望雖然很強烈，但只是其次。藝術家都有創作的渴望，也希望作品受到讚美，但如果無人稱道，他也不會改變自己的風格。另一方面，以讚美作為第一驅力的人，並沒有衝動想去創作獨特的作品，就算改變風格或類型也沒有關係。如果後一種人的作品沒有獲得讚賞，那麼最好還是早點放棄這條路。

更寬泛地說，不管你從事什麼職業，如果發現別人對你的評價並不如你的自我評估，那最好相信他們的說法。否則你很可能墮入一種迷思，認為眾人密謀要掩蓋你的才華。這種想法肯定會讓你過得不幸福。你的優點並不像自己想的那麼卓越，認知到這事實也許令人痛苦，但是這是暫時的。痛苦結束後，你就會有機次再創幸福的生活。

再來是第三條箴言：不對別人抱太多期望。

過去，體弱多病的母親常常期望自己的女兒犧牲自己、甚至放棄婚姻來照顧自己。這就是期望別人有「不符合理性的利他心」，也就是她的損失會大過於對自己的益處。要記住，和他人往來（尤其是至親）時，他們是從自己的角度看待人生，而不是以你的立場。

沒有人理應為了別人而改變自己的人生方向。有時在強烈情感的驅動下，人會自然做出重大的犧牲。但如果不是自然出現的，那就不該強迫他人付出。沒有人應該為自己不願犧牲而受到指責。很多時候，我們抱怨他人是出於健康的自我保護反應，以抵抗對方的過度貪婪。

最後談第四條箴言：意識到別人關注你的時間比你關注自己的還少。

雖然他人都有自己的生活和興趣，但那些失控的被害妄想患者總是想像對方日日夜夜都在想辦法傷害自己。同樣地，有被害妄想傾向的一般人，也認為他人的言行都在針對自己，雖然根本沒這回事。

當然，這種想法滿足了他們的虛榮心。如果此人是舉足輕重的人物，那麼他幻想出來的事情也許是真的。確實，為了制服拿破崙，英國政府花了好幾年擬定對策。但無足輕重的人若老是以為別人要對付自己，那可能就離發瘋不遠了。

比方說，你在某個公開晚宴上發表演說，結果相關報導只有其他講者的照片，但沒有你。這該怎麼解釋呢？你很清楚，絕不是其他演講者更重要，而是報社的主編故意忽視你。為什麼他們要下達這種命令？很明顯，是因為你太重要了，所以他們害怕你。因此，你的照片被省略不是因為蔑視，而是間接地在讚美你。

但是這種自我欺騙不會帶來任何實實在在的幸福感。在內心深處，你知道事情並不是這樣，並且為了隱瞞事實，你將不得不做更多荒誕的臆想，並耗費大量精力去說服自己。而且你還是認為很多人惡意要對付你，所以即使你保護了自尊，但你的痛苦繼續加深，覺得全世界都與你為敵。由此可知，基於自我欺騙的滿足感並不牢固。因此，不管真理多麼令人不快，都得徹底正視它，習慣它的存在，並以此打造你的人生。

第九章 人言可畏

很少有人真正快樂，除非他的生活方式和世界觀得到周圍的人支持，尤其是跟他生活在一起的人。

現代社會的特性之一，就是充斥著在道德和信念上天差地遠的小團體。這種情況從宗教改革時期就出現了，甚至從文藝復興時期就開始了，從那之後就越來越明顯。過去有新教徒和天主教徒的區別，其差異除了體現在神學上，也體現在很多實際的事務。還有貴族和中產階級的差異，前者有特權去做很多事，但後者不能苟同。後來還有自由派神學家和自由思想者，他們都不承認宗教規定的義務。

在這個時代，歐洲大陸上還有社會主義等各種思想的分野，它不僅出現在政治上，也包括生活各方面的實踐。

在英語國家，派別數不勝數。有些團體崇尚藝術，但是對另一群人來說，現代藝術都是惡魔的象徵。有些族群來深信，對帝國效忠是至高的美德，但另一群人則認為這是助紂為虐，甚至愚蠢到不行。保守的人認為通姦是極大的惡行，但現代人大多都覺得，即使它不是美德，也至少是可原諒的行為。天主教徒絕不能接受離婚，但是對非天主教徒來說，離婚才能彌補婚姻的錯誤。

因為有這麼多不同的觀念，所以對於有特定品味和信仰的人來說，就算在某個團體中被排擠，也會在另一個團體中會被接納為正常人。許多人的不快樂都來自於同儕壓力，尤其是年輕人。他們接收到某些流行的觀念後，又會擔心那些想法不見容於自己的生活圈。年輕人總覺得他們所處的環境代表了全世界。他們擔心有些想法是禁忌而不敢承認，卻又意外地發現它們在其他地方只是尋常不過的看法。

因此，對世界的認識不足，就得承受很多不必要的痛苦。有時，我們只會在青年時期有這些煩惱，但也有人終身受此折磨。孤立不僅是痛苦的源頭，也會耗費精力，因為你得多負擔一項沒必要的任務，即在充滿敵意的環境中保持精神上的獨立。在一百人當中，至少有九十九個人不敢貫徹自己經由邏輯而得出的結論。

勃朗特姊妹在出版自己的作品前，從來沒有遇到過氣味相投的人。這沒有影響勇敢又大氣的艾蜜麗，但是肯定影響了夏洛蒂，後者雖然有才華，但眼界還是像個家教老師一樣。威廉·布萊克和艾蜜莉一樣，生活在極端的精神孤獨中，但他的心靈強大到能克服那樣的負面影響。他從未懷疑自己的想法，也深信批評他的人是錯的。從以下的詩文可看出他對公眾意見的態度：

> 我認識的唯一一個，
> 唯一一個不讓我嘔吐的人，
> 是弗塞利：他既是土耳其人又是猶太人。
> 親愛的基督教朋友，你們又該怎麼辦？

然而並不是很多人的內心都有這種力量，所以友好的環境才是幸福的必要條件。

大多數人都會碰巧發現自己生活的環境是友好的。因為他們在年輕時吸收了不少主流的偏見，並不自覺地改變自己，以適應周圍人的信念和習俗。但是一小部分的人，特別是有知性和藝術天分的人，就不可能那樣隨波逐流地生活。

比方說，有個人出生在偏遠鄉鎮，身邊的人對知識都沒有好感。如果他想閱讀嚴肅的書籍，別的男孩就會瞧不起他，老師們還說那些書蠱惑人心。如果他熱愛藝術，同代人就會覺得他沒有男子氣概，長輩會覺得他不正經。如果他夢想從事某種職業，不論它多麼值得尊重，只要在他的生活圈子裡很少見，人們就會覺得他孤芳自賞，並勸他跟父親做一樣的工作就好了。如果他批評父母的宗教信仰或政治主張，就會給自己惹禍上身。

出於以上種種原因，對大多數有卓越特長的男女來說，青春期是非常不幸福的時光。對那些胸無大志的朋友來說，青春期充滿了快樂和享受，但他們渴望學習更嚴肅的事物，但在他們出生並生活的小圈子裡、在長輩和同齡人身上都找不到。

這些年輕人進入大學後，也許會找到志同道合的靈魂，並且享受幾年的快樂時光。

夠幸運的話，他們會在畢業後找到合適的工作，也還有機會找到志同道合的同事。

在倫敦、紐約等大城市生活的聰明人總可以找到同好團體，而不必刻意壓抑或偽裝自己。但是如果他不得不在一些小地方工作和生活，而且工作上得常跟一般人打交道，比方說他是個醫生或律師，那他也許會一輩子對周圍人隱藏自己真正的品味和信仰。這情況特別符合幅員遼闊的美國。在那些偏遠之地，無論是北方、南方、東方還是西方，總會有很多孤獨的人，他們從書中知道世上還有很多城鎮，在那裡他們也許能找到朋友。但他們沒有機會去那些地方生活，也鮮有機會能與意氣相投的人展開對話。

在這種情況下，精神世界不如布萊克或艾蜜莉那麼宏大的人，是不可能得到真正的幸福。而為了實現幸福的生活，我們必須找到某些方法減輕或者逃離公眾意見的宰制，並結交知識水平較高的少數人，在小團體中享受互相了解的快樂。

在許多情況下，不必要的膽怯會加深他們的困境。輿論就像暴君一樣，你越怕它，它就越專橫。狗也一樣，你越怕牠，牠就會叫得更大聲、咬得更狠。人類群體也有類似的特點，你越畏懼大眾的看法，他們就更想獵捕你。如果你表現得無所謂，他們就會開始質疑自己的力量，慢慢也就不會來煩擾你了。

當然，你也不能刻意地跟大眾作對。如果你在倫敦商業區的肯辛頓發表俄國的社會主義觀點（或者反過來做），都得承受嚴重的後果。我不是指這種極端的對抗，而是無須屈服於主流觀念，因此你可以有自己的穿著風格、不用固定上教會並閱讀有深度的書籍等。哪怕在保守的社會中，只要以輕鬆、隨性、自然而不挑釁的態度做自己，就不會引起衝突。漸漸地，當大眾接受你就是這麼特立獨行，就會把那些不討喜的行為當成你的常態。

因此關鍵在於友善的態度。保守人士會憎恨離經叛道的人，是因為他們把對方的行徑視為在挑戰自己。但只要你和顏悅色、態度親切，那麼再愚蠢的人也會知道你沒有要批評他們，而他們也會原諒你的反常言行。

然而，很多有獨特品味、想法尖銳的人沒辦法以此逃避非議。得不到他人的支持，他們內心感到不舒服，並形成好鬥的態度，即使他們表面顯得順從並試著避免與人起爭執。與群體格格不入的人常會變得暴躁易怒、心緒不寧、不太有幽默感。但如果他們進入相契合的族群中，性格就會完全改變，從緊張、害羞和沉默寡言，變得輕鬆而有自信；稜角分明的個性也變得柔和、容易相處，從自我中心變得親和外向。

因此，自覺與環境格格不入的年輕人應該努力選擇合適的職業，這樣才有機會找到真正志同道合的夥伴，但收入也許會銳減。通常他們不太能意識到自己有選擇機會，因為他們對世界的認知很有限，也很容易覺得在家鄉所吸收的偏見在全世界都通用。年長的人應該能幫助年輕人改變看法，畢竟有豐富的人生經驗可以借鏡。

如今精神分析大行其道，所以人們總習慣性地假設，年輕人若與周遭環境西衝突，必定是因為心理狀態失調。但我認為這種觀點完全是錯誤的。比方說，許多父母都認為演化論是邪惡的思想，而唯有智力才能讓年輕人保持清楚的頭腦。

與周遭環境有所扞格當然不是好事，但也無須不惜一切代價去避免。如果你身邊充斥著愚蠢、偏見或冷漠，與其格格不入反而彰顯你的美德。這些問題在每種環境中都有。伽利略和克卜勒的思想也曾「非常危險」，而我們時代的聰明人也被誤解過。因此，這些人的社會意識不應太過發展，否則他們會害怕自己思想將激起社會的敵意。最好社會能減輕這種敵意，並降低它的影響。

在現代世界中，這些問題都體現在年輕人身上。如果他選擇了正確的職業並置身於合適的環境，就能成功逃脫社會的迫害。他也有可能太年輕，尚未在考驗中培養出優秀品性，最終任由無知的人擺布，那些年長的愚人覺得自己有能力評價根本不了解的事情，並且無法忍受年輕人比自己更有見識。很多人都得歷過艱苦的奮鬥，才能逃脫無知的控制與壓迫，但那時也已痛苦不堪、精疲力竭。

許多人會安慰自己說，天才總會走出自己的路，所以覺得有才華的年輕人被欺負也沒有關係。但這種說法完全沒有根據，正如「天網恢恢、疏而不漏」那樣的陳腔濫調。很顯然，我們只知道已被揭發的謀殺罪行，但檯面底下的又有多少呢？以此類推，確實有不少天才戰勝了苦難，但我們有理由相信更多天才在年輕時被毀掉。

更重要的是，這個問題不僅是非凡的天才得去面對，一般的人才也一樣。各領域的長才是社會的棟梁，他們不光是熬出頭就好，也得有樂觀的心態和充足的活力。所以年輕人的道路不該是如此顛簸。

我們都認為，年長者應該尊重年輕人的願望，卻不覺得年輕人應該尊重年長者的願望。原因很簡單，不管是哪種情況，受影響的都是年輕人。但年輕人不該試圖控制年長者的生活，比方說拒絕獨居的長輩再婚，這樣跟霸道的長輩有什麼兩樣。包括老人在內，成年人都有自己的選擇權，也有犯錯的權利。

年輕人如果在重大問題上屈服於年長者，那絕對是不明智的作法。比方說，你渴望走向舞臺，但父母極力反對，說劇院是不道德的場所，或說演員的社會地位很低。他們會給你各種壓力與威脅，包括把你趕出家門，或是提出警告，說用不了幾年你就會後悔。他們舉了許多年輕人的失敗案例，說他們找工作時太過魯莽，所以下場都很慘。總之，他們認為舞臺工作不是適合你，這一點當然有可能是對的，搞不好你沒有表演天分，嗓音也不夠好。然而這一點你很快就會從專業人士口中得到建議，所以會有充足的時間去找另一份職業。

父母的意見不該是放棄嘗試的充分理由。只要你不顧他們的意見，勇敢去做你想做的事，他們很快就會轉變立場，比你或他們自己以為的還要快。但如果令你洩氣的專業人士，那就是另外一回事了，因為入門者必須尊重專業意見。拋開專業意見不談，但我們常常過度看重他人的意見，無論大事還是小事。一般來說，我們確實應該尊重公眾意見以免於陷入饑餓以及牢獄之災，倘若超過這個範圍，就是自願屈服於不必要的專制，並導致快樂的生活受到各種影響。以現代人的開銷為例。很多人會把錢花在其實並不那麼感興趣的事物上，因為他們覺得，為了得到他人的尊重，一定得擁有好車、吃得起山珍海味才行。事實上，有錢又熱愛旅行及藏書的人，會比隨波逐流的人得到更多尊敬。當然，我們也不應有意地輕視公眾意見，因為這仍然代表被其控制，只是以顛倒的方式。能真正漠視輿論才是一種力量，也是幸福的源泉。

在一個多樣的社會中，公民不會隨波逐流、對傳統綱常卑躬屈膝。他們能充分發展自己的人格，所以社會上有色各樣的人。如此一來，結交新朋友就會更加有意義，因為他們總是能遇到與眾不同的人物。這是貴族階級的優勢。他們的社會地位由出身決定，所以個性古怪也無妨。現代人正在失去這種自由，也更應該明白千篇一律的危險性。當然，故意作怪和因循守舊一樣無聊。我們應該順其自然，追隨自己天生的傾向，只要不是真的反社會就好。

現代世界交通便捷，人們不再像以前那樣依賴鄰居了，只要擁有車輛，方圓三十公里內的人都算是鄰居。因此，我們有更大的空間能選擇同伴。在人口稠密的地區中，一個人如果無法在三十公里內找到意氣相投的夥伴，那就真的是運氣太差了。

事實上，左鄰右舍的概念在人口聚集的大都市中已經消失了，但在小鄉鎮仍然存在。這個概念不再有意義，因為現代人沒有必要再依賴隔壁的鄰居了。漸漸地，我們也更有機會找到意氣相投的同伴，而不用侷限於身邊所認識的人。與同好來往，生活會變得更快樂。現代人的社交方式會沿著這個趨勢一路發展下去，而很多標新立異的人就不用再被孤獨感所折磨。他們的幸福感肯定會增加，而保守人士也不能再享受欺負、控制少數人的樂趣。當然我不認為有必要去費心保護這種樂趣就是了。

對公眾意見的懼怕，像其他恐懼一樣，會壓抑個人的成長。這種情感太強烈的話，當事人就很難達成任何偉大的成就，更不可能獲得精神上自由，也就是幸福的真正來源。想實現幸福的人生，關鍵是順應內心深處的衝勁，而不是依從鄰居或親人一時的品味或期望。

比起以前的人，現代人比較不擔心被鄰居批評，但取而代之的是怕被報社盯上。媒體的報導有如中世紀的獵巫行動一樣嚇人。他們甚至能把無辜的人當作替罪羔羊，令對方家破人亡。

幸運的是，多數人都是默默無名的小老百姓，無須遭遇這種命運。但報紙的傳播方式不斷翻新，這種新形式的社會迫害就越來越有威脅性。它的破壞力很強，受害者很難藐視它。雖然我們都強調出版自由這個偉大原則，但也應該劃出更明確的法律底線，絕不容許被誹謗的無辜者生活過不下去，哪怕他們公開說過不討喜的話或做過令人討厭的事，致使自己變得不受歡迎。

然而，能破除這種社會迫害的有效方法是公眾的寬容，而提升寬容的最好方式，就是讓更多人能享受有意義又幸福生活，這樣人們就不至於從別人的苦難中尋找快樂。

第二部
幸福的原因

幸福的祕密：

培養廣泛的興趣，友善地親近各種人事物，

而不是懷有敵意。

第十章 幸福仍然可能實現嗎——我所認識的快樂人士

截至目前，我們已經思考了不幸福的各種原因，而現在要進行比較愉悅的工作，即思考幸福的原因。先前從某些朋友的談話和著述中，我差點要做出結論，即現代人是不可能找到幸福的。然而，在不斷反思、出國旅行以及與我的園丁對話後，我的想法有所動搖。在之前的章節中，我分析過為什麼我的文人朋友們會不幸福。而在這個章節，我想好好介紹我一生中遇到過的幸福之人。

雖然我們可劃分出各種程度的幸福，但主要有兩種：樸素和精緻的，或稱為動物性和精神性的，或心靈和頭腦的。要選擇哪一個對比，取決於我們要證明的論點。此刻我沒有想證明什麼，只是描述有這樣的區別。也許區分幸福最簡單的方式，即一種任何人都可以獲得，另一種只有受過教育的人才能得到。

小時候，我認識一個快樂的挖井人，他的身材高大強健，但不會寫字也不識字。一八八五那一年，他拿到一張投票單，那是他第一次知道世上有議會這種機構。他的快樂不依賴於任何知識的源頭，也不基於對自然法則的信念。他不知道人類將演化得更完美，以及國營事業公共化的好處。他沒聽過基督復臨安息會的布道，或任何知識階層必備的生活信條。他的快樂來源是身體的活力、工作上的滿足，以及克服萬難、鑿破岩層。

現在我的園丁也屬於同一種人。他常年發動剿滅兔子的戰爭，一提起這檔事，他口吻活像倫敦警察局的人提起布爾什維克。他認為兔子是邪惡、狡猾和殘暴的，只能用同樣狡猾的手段去對付牠們。在北歐神話中，瓦爾哈拉（Valhalla）的戰士每天都會捕獵野豬，但這種野豬被殺死後，第二天清晨又會奇蹟般地復活。我的園丁也一樣，他每天殺死敵人後，不用擔心第二天沒有敵人可以對付。儘管已經年過七十，他還是整日工作，每天騎車穿越二十公里的小徑來上班。但是他的快樂是無窮無盡的，都是由那些兔子所提供的。

但是有些人會說，地位高的人無法獲得這些簡單的快樂。向兔子這麼渺小的動物宣戰，有什麼快樂可言？這種觀點很沒道理。兔子比黃熱桿菌大多了，但高等的科學家卻能在細菌戰爭中獲得快樂。就情感上來說，我的園丁所獲得的快樂，接受過高等教育的人也能獲得。教育所造成的差異只體現於他們是透過不同的活動來獲得快樂。

一般人得經歷千辛萬苦，才能獲得成就與喜悅；一開始會覺得成功的希望很渺茫，但最終還是實現了。因此，不高估自己的能力是一種幸福。低估自己的人必定會為自己的成功而驚喜，然而高估自己的人只能對失敗感到錯愕。前一種心情是愉悅的，但後一種令人難受。所以聰明的做法是，不要太自負，也不要過度自卑而喪失進取心。

在教育程度較高的人當中，最幸福的是科學工作者。出眾的科學家情感面都很單純，也能從工作中取得極大的滿足感，也能在飲食和婚姻中發現快樂。

藝術家和文學家都認為婚姻生活中必然有不幸的部分，但是科學家都能接受老派的家庭之樂。有這種區別，是因為科學家的知性面全部被工作佔據了，所以無法顧及智力無從施展的領域。他們在工作中是快樂的，因為當代科學研究進步而充滿力量，不管是專家還是普羅大眾，都無法質疑科學的重要性。在這種情況下，他們沒有必要產生複雜的情感，因為簡單的情感已經自然流動了。複雜的情感就像河水裡的泡沫；泡沫之所以產生，河水受阻而不能順暢流動。只要生命力不受阻礙，水面就不會產生波紋；不仔細觀察的話，一般人看不出這樣的力量。

在科學工作者身上，快樂的條件都已經備齊了。他們有可以充分發揮能力的工作，並可以達成對自己和公眾都重要的成就，即使後者不大理解他的工作內容。

在這方面，他們要比藝術家幸運。當大眾無法理解一幅畫或者一首詩的時候，就會覺得這些作品很差。但如果無法理解相對論，他們便會覺得是自己的教育程度不夠（確實如此）。結果，愛因斯坦受到各方讚譽，而最好的畫家卻在閣樓中忍饑挨餓；愛因斯坦活得很快樂，但是畫家深陷痛苦之中。

在生活中必須不斷肯定自我、對抗外界質疑的人，很難真正過得快樂。除非他們可以窩在小圈子裡，並忘記外面冷漠的世界。但科學工作者不需要小圈子，因為除了他的同事，所有人都認可他的努力。但是藝術家則相反，他們常面臨一種兩難：不被人理解或是變得媚俗。如果他展現自己一流的才華，那就得忍受寂寞；如果他濫用自己的能力，就得忍受第二種。

但也並非永遠如此，世上總有例外。在歷史上有很多時期，優秀的藝術家在年輕時就獲得認可。雖然教皇尤利烏斯二世沒有好好對待米開朗基羅，但還是深信他有作畫的本事。現代有些富豪會大力資助江郎才盡的藝術家，但從來不會把他們的創作當一回事，因為名利才是最重要的。這些情況都在在顯示，現代藝術家整體上不如科學家快樂。

我們必須承認，西方國家有才華的年輕人都覺得懷才不遇，但是東方國家的情況卻不一樣。

蘇聯的年輕人比世上任何一個地方的年輕人都快樂。他們有熱情、有信念，還有個全新的世界等著去建設。蘇聯老一輩的保守分子已經被驅逐、流放，在荒郊野外餓死，或被處決了，所以他們無法像西方國家的老年人一樣逼迫年輕人在做壞事和一事無成之間做出選擇。

對世故的西方人來說，蘇聯年輕人看起來很幼稚，但這又有什麼壞處呢？他們正在創造一個自己熱愛的新世界。大功告成後，蘇聯人肯定會比十月革命前更快樂。世故的西方知識分子不會在那樣的世界感到快樂，幸好他們也不必生活在其中。以實用主義的角度來檢視，蘇聯年輕人的信念是合理的，除非有更充足的理論基礎，否則我們不能說他們有多幼稚。

在印度、中國和日本，外在的政治形勢會妨礙知識青年追求幸福，但他們不像西方青年有一層內在阻礙。

西方世界中有某些活動對年輕人很重要，只要取得成功，他們就會快樂。他們覺得自己在社會裡扮演了重要角色，並致力於實現有難度但可達成的目標。西方教育程度高的青年男女之所會憤世嫉俗，是因為無力感又待在舒適圈中。前者讓他們覺得沒有事情值得去努力，而後者則緩解了這種痛苦的感覺。

相比之下，東方的大學生能期待自己去影響輿論，但他們在收入方面卻相形見絀。東方大學生既不無能，又不待在舒適圈裡，因此就會成為改革者或革命者，而不光只是憤世嫉俗。改革者的幸福取決於公共事務的進展，即使最後被處決，他還是享受過真正的快樂，這是安於現狀的憤世嫉俗者比不上的。有位中國訪客來過我學校，他想在中國某個保守地區建立西式的學校。他猜想這麼做會被砍掉腦袋，但他所展現的平靜與滿足，令我非常羨慕。

然而，除了這些崇高的理想，快樂還有很多種。其實只有少數人能獲得高尚的快樂，那得先具備高超的能力和多樣的興趣。因此，科學家能從工作中獲得快樂，政治領袖能從宣揚理念中得到滿足。有一技之長的人都可享受工作的樂趣，從發揮技藝中獲得滿足，但不奢望全世界的讚美。

我有個朋友在小時候失去了雙腿，但在漫長的一生中卻過得安詳而喜悅，而祕訣在於他寫了五大冊在討論玫瑰花的病害。他的確是頂尖的植物學家。我認識的貝殼學家不多，但有幾位令我了解到研究貝殼的樂趣與滿足感。

我還認識一位世上最厲害的排字工人，他受到許多現代藝術家的推崇。然而他的快樂不是來自於別人對他的尊敬，而是從發揮所長中得到的愉悅，就像舞者從律動中得到的快樂。我還認識一些擅長數學符號、敘利亞文和楔形文字的排版工人，他們能做出各種不尋常的字形。雖然我並不知道這些人在私底下是否過得快樂，但是在工作中，他們充分發揮了自己的創造本能。

在這個機器化的時代，人們總說技術工作者在工作中能得到的快樂已大不如前。對此我一點也不認同。技術工作者和中世紀工匠的工作目標並不同，但是在機器化的經濟社會中，他們仍然很重要，甚至佔有一席之地。比如製造科學儀器和精密機械的專家、設計飛機的工程師、駕駛員，還有無數其他的專業領域，其技藝的發展程度沒有極限。

據我觀察，在比較原始的部落裡，農人並不如汽車司機和火車司機那麼快樂。自耕農的工作確實很多樣：犁地、播種、收割。但他受自然因素所支配，也很清楚自己得靠天吃飯。從事機器化工作的人比較能掌握自己的力量，並認為人類是自然的主人而非奴隸。

當然，對大多數的工廠工人來說，機械性又毫無一絲變化的工作確實很沒意思，但一項工作越是沒意思，就越可能由機器完成。機器化的最終目的（我們還有很長的路要走）是產生一種系統，當中無聊的事都由機器完成，而人類只需要做那些有變化、得手動調整的工作。若能實現的話，人類就能減少自農業誕生以來許多工作上無聊環節和壓力。

為了避免飢餓，人類開始從事農業活動後，就注定要接受單調和煩悶的生活。在從前，透過狩獵獲得食物是有趣的，所以今日富人們才把祖先留下來的這種謀生之道當作娛樂。農業發明後，人類進入了一段艱難、悲慘又瘋狂的漫長時期，直到如今才被仁慈的機器解救出來。

多愁善感的人很容易談起人與土地的連結，比如湯瑪士·哈代筆下農民的哲學與智慧等。但事實上，每個鄉村青年都想去城裡工作，在那裡他可以逃離天氣的奴役，逃離黑暗又孤獨的冬天，進入工廠和戲院，享受那安穩、充滿人味的氛圍。友誼與合作是快樂的重要因素，而我們更容易在工廠而不是在農田裡找到它們。

對許多人來說，社會理念和志業也是快樂的源泉。除了待在極權國家中的革命者、社會主義者和民族主義者，一般人也有不少較為溫和的理念。

我有一些朋友相信，英國人就是《聖經》中提到的「失蹤的十個支派」。他們一直都很得意，相信自己是以法蓮和瑪拿西支派的後代，並因此得到許多快樂。

雖然我不認為讀者應該模仿這些人，因為這些快樂和信念建立在虛假的基礎上。出於同樣的原因，我也不鼓勵讀者相信只靠堅果就能活著，雖然這種信念也會令人感到快樂。事實上，不帶幻想色彩的事情很多，把它們當作興趣的話，閒暇時光會變得很充實，不會再覺得生活是空虛的。

除了業餘興趣外，專注於晦澀而難解的事情也能帶來快樂。我知道有個偉大數學家把他自己的時間平均分開，一半用於研究，一半用於集郵。我猜前一種事情沒進展的時候，後一種會給他帶來安慰。

集郵能治癒的痛苦，不光是證明數學理論的苦悶而已，而郵票也不是唯一可以收集的東西。許多人一想到古老的瓷器、鼻煙壺、羅馬硬幣、箭頭和石器……狂喜就湧現在心頭。相對於這類簡單的快樂，很多人又變得太「成熟」了。我們童年時都接觸過這些東西，但長大成年後，卻反而認為它們沒什麼了不起的。這種想法完全錯了，畢竟只要不傷害他人，各種樂趣都應該得到重視。

就我自己而言，我收集的是河流。我曾從俄國的窩瓦河順流直下，再從長江逆流而上。我從沒有見過南美洲的亞馬遜河和奧里諾科河，因而感到非常遺憾。這些情感是如此單純，而我也並不以它們為恥。想想棒球迷的激情：每天熱切地看報紙關注戰況，而收音機的播報聲最能刺激他們的感官。

我記得，與美國文學界某位領袖第一次見面前，我根據這個人的作品，判斷他本人應該很憂鬱。但見面的過程中，收音機裡傳來棒球比賽的戰報，他支持的球隊獲勝了，於是他馬上忘記了我、文學和世俗生活中的其他痛苦，當場興奮喊叫。以後我再讀他的著作時，就不會再因為書中人物的不幸感到難受了。

然而，有時癖好和興趣並不是幸福的基本來源，而是逃避現實、忘記當下痛苦的方法。基本幸福的關鍵因素是對人事物的友善和關注。

對人友善是一種愛，但不是抓緊不放、渴望佔有、期待對方熱烈回應，那反而是不幸的來源。能帶來幸福的，是喜歡觀察他人，從對方的個性中看到趣味，並希望給對方帶來快樂，而不是想控制他們，或要求他們熱烈地崇拜你。

對他人保持真心的友善態度，肯定能感到快樂，並受到對方的善意回應。不管是泛泛之交還是認真交往，這種態度都能滿足你的興趣和情感需求。

保持這種態度，你絕不會嘗到他人忘恩負義帶來的辛酸，這種事不大可能發生，就算有——你也不會發現。遇到個性不受歡迎的人，你反而會覺得很有意思。許多東西你能毫不費力地獲得，而其他人用盡全力都無法取得。內在的幸福讓你成為帶來歡樂的好夥伴，並從他人的回應得到更多幸福感。

但是這些表現必須發自內心，絕不能源於責任感和自我犧牲的觀念。責任感在工作中有用，但在人際關係中卻很傷人。人們都希望被喜歡，而不是被別人耐著性子忍讓。能夠毫不勉強地愛很多人，是個人最大的幸福。

前面我說到，對事物保持友善的興趣。這句話看上去比較牽強，畢竟對「事物」如何保持友善。不過從地質學家對岩石、考古學家對遺跡的態度中，我們也看到類似友愛的精神，它也應該體現在我們對他人和社會的態度中。

當然我們也會因為某些事物有敵意而產生興趣。有些人討厭蜘蛛所以收集許多相關的資訊，也希望能在沒有蜘蛛的地方生活，但這種興趣不如地質學家從岩石中獲得的滿足感。

從日常生活的角度來看，對待事物的興趣也許不如對待人類的友善態度那麼可貴，但仍然很重要。世界廣袤，而人的力量卻有限。如果個人把全部的快樂都寄託在周圍環境中，就難免會越要越多，但總有一天收穫會變少。若能發自內心從其他興趣忘記煩惱，比如研究天主教的特倫特會議或者星體的生命史，你就會發現，從那些廣大的世界返回生活時，內心就會感到平衡與平靜。接下來你就能妥善面對自己的煩惱，也會感受到真正的幸福，哪怕只是暫時的。

幸福的祕密就在於此：培養廣泛的興趣，友善地親近各種人事物，而不是懷有敵意。在初步探討幸福的可能性後，接下來我會討論其他的快樂泉源，並指出避免心理痛苦的方法。

第十一章 熱忱

在我眼裡，真正幸福的人身上最常見也是最獨特的標誌，就是熱忱（zest）。在本章我會詳加探討這個因素。

理解熱忱的最好方式，是思考一下人在吃飯時不同的表現。對有些人來說，吃飯是枯燥的活動，無論食物多可口，他們都會覺得食之無味。也許他們吃過更好的美食，但從來不知道如果沒有飯可吃，餓意襲來會有多難受，他們把吃飯看作例行公事，只是社會全體的習慣。確實，跟其他日常活動一樣，吃飯確實讓人厭倦，但是用不著心懷不滿，因為其他事情令人更加厭煩。病人不得不進食，因為醫生交代他們得吃得營養來保持體能。有些人是老饕，每次用餐時都興致勃勃，但老是覺得食物煮得不夠好。還有一些貪吃的人，老是貪婪地撲向食物，以至於變得肥胖甚至睡覺時更會打呼。當然，也有人是胃口正常，對食物很滿意，吃飽為止、從不多吃。

一樣的道理，坐在人生的筵席前，面對生命賜予的美好事物，每個人的態度也都不同。

幸福的人正對應到胃口正常的人。饑餓與食物的關係，正是熱忱與生活的關係。對食物感到厭煩的人，猶如患上拜倫式憂鬱的受害者。出於義務而進食的病人是苦行者，而貪吃者是驕奢淫逸之人。對生活吹毛求疵的人有如老饕，老是抱怨生命中的多數幸福還不夠美好。

很奇怪，除了貪吃者外，所有類型的人都瞧不起胃口正常的人，並自認為比他高尚。對他們來說，因為饑餓而享受食物，還是為了體驗不同的生命風景或驚喜而去用餐，都是很粗俗的。站在幻滅的高度上，他們瞧不起那些簡單的靈魂。

我完全不能苟同這種觀點。所有自以為是的清醒，在我看來都是一種病。有時我們難免厭世或自命不凡，但這些想法出現時，則需要儘快加以治療，不能視為超凡的智慧。

假設你喜歡草莓，但另一人非常厭惡，那後者究竟在哪方面高人一等呢？沒有任何抽象或客觀證據可以證明草莓好不好吃。喜歡的人就覺得草莓好吃，反之就覺得難吃。喜歡吃草莓得到的快樂，是討厭草莓的人無法體會的。在這個意義上，前一種人更懂得享受生活，也更能適應這個世界的變動。

這個微不足道的例子所蘊含的真理，也適用於更重要的事情。同理，喜歡看足球的人也比不喜歡看球的人更勝一籌；喜歡閱讀的人也比不愛看書的人更優秀，而且翻書比看足球比賽更容易。喜歡的東西越多，變幸福的機率就越大，並且受命運支配的可能性就越小，因為一旦丟失了某物，他可以轉而找球其他事物的安慰。當然，生命太短暫，我們無法對每件事情都感涉獵，但有多方面的興趣總是好事，可以用來填補人生的空白。

我們全都有患內向病。怎麼說呢？世界千姿百態的景觀展現在眼前，而我們還是轉頭避開，只盯著內心的空虛不放。但是我們不要以為這種憂鬱心情包含什麼偉大的東西。

從前有兩台工藝精良的機器，它們的功用就是把豬肉變成最美味的香腸。其中一台對調理豬肉始終保持熱忱，生產出了無數條香腸。而另一台卻說：「豬肉有什麼了不起的？我身上的零件比豬的任何部位都更細緻而有趣。」它不想再製造香腸，並開始研究自己的內部結構。它放棄了天然的食糧後，內部就停止工作了；而它越是研究，就越覺得自己空虛和愚蠢。這台細緻的機器停擺了，不再製作可口的香腸，它迷失了自我，不知道自己能做什麼。

第二台機器就像丟掉熱忱的人，而第一種則相反。大腦是一部複雜的機器，可以用巧妙的方式整合接收到的材料，但如果缺乏來自外部世界的原料，它就會變得毫無力量。而且大腦不像香腸機器，沒有人為它放進原料，當我們對某事感興趣時，行動才能轉化為經驗；如果不感興趣，就無法獲得任何東西。因此，把注意力集中於內心，就不會覺得世間有值得一提的事。把注意力集中在外部的話，就能在少數審視自己靈魂的時刻發現美妙或有啟發性的圖案，它們是由豐富而有趣的外部元素分解和重新組合而來。

熱忱有無數種。讀者應該都知道，福爾摩斯在街上撿起一頂帽子、端詳片刻後，就能有所發現：帽子的主人是因為酗酒而自甘墮落，妻子也已不再像從前那麼愛他。由此可知，對萬事萬物抱有巨大熱忱的人，永遠也不會覺得生活無聊乏味。

想一想在鄉村散步時能看見的各種景色。有人對鳥感興趣，有人喜歡觀賞植物，還有些人喜歡研究地質或農業。這些事物每一項都很有趣，就看哪個能打動你。其他領域的事物也是如此，只要對其中幾項感興趣，你就更能適應這個世界。

還是要說，每個人對待同類的態度是多麼不同啊！有的人在漫長的火車旅途中完全不去注意周圍的旅客，而有的人卻會一一觀察對方，分析他們的性格，猜測他們的近況，甚至能弄清楚對方隱祕的過去。每個人對他人的感受和猜測都不同；有些人會覺得他人都很無聊，有些人能輕鬆地對陌生人表達善意，除非有具體原因才會產生不友好的感覺。

再拿旅行舉例。有些富人周遊各國，永遠住最好的飯店，吃的食物跟在家裡完全相同，遇見跟自己一樣的富貴閒人，談論的話題也跟在自家餐桌上一樣。返國時，他們只會感覺到自己從無聊又昂貴的旅行中解脫了。而另外一些人，無論到哪裡都會注意當地的獨特之處，和具有當地風情的人交朋友，觀察當地歷史或社會上有趣的事。他們學著品嘗在地美食，並接觸他們的風俗和語言，最終帶著很多新鮮愉快的想法和觀念回家，當作與朋友交談的話題。

從這些情況來看，對生活有熱忱的人收穫比較多，就算是不愉快的經歷也是一種學習。

我很慶幸造訪過中國的城市和西西里的鄉村，雖然坦白說當時的體驗並不太愉快。只要不危及生命危險，喜歡冒險的人便樂於體驗沉船、暴動、地震和火災等令人不愉快的經歷。地震時，這些人會對自己說：「原來這就是地震。」他們很開心能知道跟這世界有關的各種現象。

但這些人並沒有擺脫命運的支配，因為失去健康的話，很容易就會對生活失去熱忱——但這並不是絕對的。有些人在多年的病痛折磨後離世，但是直到生命的最後一刻仍保有熱情。有一些疾病不會消磨熱情。不知道醫學專家是否能以此區分疾病的種類，等到醫學更進步時，也許就會有藥物來提升對生活的興趣。但在那天來臨之前，我們必須對生活做出合乎常理的觀察，來判斷是什麼原因讓某些人對每件事都有興趣，而另一些人對任何事都覺得索然無味。

有些熱忱很普遍，有些則針對特定領域。在喬治・博羅（George Borrow）的小說《羅姆人的朋友》（The Romany Rye）中，主角失去了深愛的妻子，一度感覺生命已經完全沒有意義了。但是後來他開始對茶壺和茶葉箱上的中國銘文感興趣。他開始學習法語，並透過中法對照辭典來試著破譯這些銘文。於是他獲得了一種全新的生活樂趣，儘管他沒有把這些中文知識用在其他方面。

我還認識某些人，他們一心一意地在探詢諾斯底主義的異教真理，此外，我還有一些朋友熱衷於整理政治哲學家霍布斯的手稿和早期出版品。我們很難猜測一個人會對什麼事感興趣，但是大多數人確實都有些業餘興趣，並成功地讓自己的生命不再單調無聊。

然而，比起對整體生活的熱忱，特殊興趣只是次要的幸福源泉，沒有那麼令人滿足，因為它們很難佔據你我生活的所有時間。到最後，我們搞不好還有可能學到那個領域的全部知識，結果失去樂趣。

前面在討論筵席上不同類型的人時，我們提到貪吃者，但沒有讚美這類人。讀者或許會以為，那些懷有熱忱的人和貪吃者並沒有關鍵性的差別，所以接下來我們將更明確區分這兩種人。

眾所周知，古代人認為節制（moderation）是最基本的美德。受浪漫主義和法國大革命的影響，許多人拋棄了這種觀點，取而代之的是過度的激情，甚至有些人就像拜倫筆下的英雄一樣，具有毀滅性和反社會人格。不過，古人顯然是正確的。在美好生活中，各種活動必須保持平衡，不能互相阻礙。但貪吃者犧牲了其他樂趣，而把興趣都放在吃上，這樣做其實減低了生活中的幸福總和。

除了吃飯，很多其他方面的熱情也可能會超過限度。約瑟芬皇后在置衣方面就是貪得無厭的。拿破崙不斷警告，但是她做完衣服還是會幫他付錢。到最後，拿破崙告訴她必須學會節制，因為以後只會付合理的費用。當下一筆帳單到來時，她一度黔驢技窮，但是隨即想出了一個辦法。她去找陸軍部長，並要求對方從戰爭預算裡撥錢為她付帳。部長知道約瑟芬有權解雇自己，所以只好照做，結果法國在熱那亞打了敗仗。

儘管我不完全相信這個故事，但至少有些書是這麼寫的。就我們的討論而言，這個故事是真實的還是虛構的都同樣有價值，因為它顯示對衣服的嗜好能讓一個女人如此瘋狂。酗酒和貪吃都是類似的例子。

這些現象所體現出的原則很明顯，一個人所有的品味和欲望都要配合於生命的整體結構。這些品味和欲望若要成為幸福的來源，就要有益於人的健康，與我們所愛之人相容，並獲得社會的尊重。

有些嗜好可以放縱地去沉迷，而不會越界，但有些不是這樣。比方說，某個喜歡下棋的單身漢，若他有獨立的經濟來源，那麼大可不必節制自己的熱情，但如果他有老婆孩子，而且收入不穩定，那就得嚴格限制自己的愛好。

對於酗酒狂和貪吃狂來說，即使沒有任何社會關係，過分沉溺也不是明智之舉，因為這樣會損害健康，相當於用幾分鐘的歡樂換來長時間的痛苦。

某些基本的事物組成了生命體系，任何一種激情都需要配合它，以避免成為痛苦的來源。這些事物包括健康、掌控感官能力、賺錢養活自己以及基本的社會責任（比如照顧老婆和孩子）等。犧牲這些事務而把精力放在下棋上，就和酗酒一樣糟糕。我們不去嚴厲譴責這種人，唯一的理由就是他們還是少數人，而且只有智力高的人，才有可能沉迷於棋盤遊戲。事實上，希臘人對節制的論述已經涵蓋了上述的事例。

極其喜愛下棋、連白天工作時都在期待晚上能對弈的人，其實是幸運的，但是為了下棋而放棄工作，就喪失了節制的美德。據說，托爾斯泰因在戰場上的英勇表現獲得了十字勳章，但那時他還過很任性，所以到了領獎那一天，他竟然因為沉迷於棋局而缺席了。我們很難說托爾斯泰有什麼錯，因為對他這樣的人物來講，得不得獎並沒有什麼區別，但是對普通老百姓來說，這種行為就顯得很愚蠢。

不過，剛才提出的節制原則還是有個但書，對於一些高貴的目標，為它們犧牲一切是值得的。有人為了保衛國家失去了自己的正常生活，還把妻兒置於身無分文的境地，但沒有人會指責他。若有科學家因投入重大的實驗或發明致使家人陷入貧困中，也不該被指責。但最好他能取得成功，否則社會大眾就會認為他是古怪的人。當然，那樣的評價並不公正，因為獻身於科學研究的人無法預知自己能否成功。在西元第一千年那個時期，為了神聖生活而拋棄家庭的人是受到讚美的，但現在人們認為他至少該為家庭生計做出貢獻。

我認為，貪吃者和胃口正常的人的差別之一，包括根本性的心理狀態。對某人來說，如果他的某種欲望無邊無界，並因此忽略了其他欲望，那麼他應該有某些深刻的煩惱，並試圖要逃離它的陰影。酗酒狂就是如此，喝酒是為了遺忘。如果他們的內心沒有陰影，就不會覺得喝醉比清醒更好。這心態正如中國人所說：「醉翁之意不在酒。」

偏執或過度的喜好都如此。它的樂趣不在於投入，而是遺忘。然而，酗酒導致的遺忘不同於透過健全機能所產生的遺忘。博羅小說中那個透過學中文來緩解喪妻之痛的人，也是在尋求遺忘，但這樣的活動不僅沒有危害，還反而提高了他的知性和知識水準。針對這類逃避方法，我們沒有什麼好反對的。而透過酗酒、賭博或者其他無益的刺激來達到遺忘的效果，就是另一回事了。

當然，還有一些界限比較模糊的事例。有些人因為感到生活無趣而駕駛飛機或去高山探險，如果這些挑戰是為了公共利益，就應該得到讚美，但如果不是，那這些行為只比賭博和酗酒稍微好一點。

熱忱不是用來遺忘某事，而是人類本性的一部分，但它會被不幸的境遇摧毀。小孩對所見所聞的每件事都有興趣。世界充滿驚喜，所以他們會滿懷熱情地追求知識。這不是學校教的知識，而是對他們有吸引力、可以直接接觸了解的事物。

只要保持健康，即使步入成年，動物也有生命的熱忱。貓到了陌生房間裡不會老實地坐在原地，而是把房間的每個角落都搜索過一遍，看看有沒有機會在某處聞到老鼠的氣味。同樣，沒有被真正挫敗過的人，會自然保持對外部世界的興趣。他就會發現生活充滿喜悅，除非他的自由受到不當的約束。

在文明社會中，喪失熱忱多半是因為至關重要的自由受到了限制。野蠻人餓了就去打獵，遵循直接的衝動。每天早晨按時上班的人，也是由同樣的求生衝動所驅使，但它不是直接作用。實際上，它是間接地透過抽象思維、信念和意志來發揮驅動力。當我們準備去上班時，並沒有感到饑餓，因為才剛吃過早餐了。他只知道饑餓還會重來，去工作是為了賺取接下來的幾餐食物。

衝動是沒有規律的，然而在文明社會中，人必須養成固定的作息。而野蠻人，即使形成了社群，都還是隨心所欲、順應衝動的。部落開戰時，領袖只要拿出戰鼓激發眾人的鬥志，在群起鼓譟下，每個人就會上陣廝殺。

現代社會不能以這種方式管理。火車得在特定時間出發，搬運工、司機和信號員必須各司其職，他們不是直接聽從戰鼓的即興指揮，這些工作本身無法產生驅動力，產生作用的是工作完成後的獎勵。

社交生活也有相同的問題。有時人們交流來往不是出於真心，而是因為合作最終能帶來的利益。在文明社會中，你我無時無刻都在限制自己的衝動；開心的時候，你肯定不會在大街上又唱又跳，悲傷的時候，也不會坐在人行道上啜泣，以免擋到其他行人通過。小時候，學校限制我們的行動自由；成年後，生活作息又被工作限制。因此，現代人都難以維持生活的熱情，因為各式各樣的限制令人厭倦和煩悶。

雖然如此，文明社會不得不以限制自然衝動為基礎。完全依靠自然衝動的話，人類只能產生簡單的社會合作體系，但無法形成高度複雜的現代經濟結構。為了延續對生活的熱情，我們得設法保持健康和精力，幸運的話，最好能把自己的興趣當成工作。

資料顯示，近一百年來，在各個文明國家，人類的健康程度都穩步提升。不過精力是很難量化的指標，我也很懷疑，現代人在健康時的體能是否像百年前的祖先一樣好。這個問題主要是社會學的領域，因此我不打算在本書中多做討論。然而，與此相關的個性和心理因素，我們在講述疲勞的章節已有過論述。

雖然受到文明生活的各種限制，但有些人仍然可以保持熱忱。其實很多人都能做到，但需要先跳出會耗費大量精力的內心衝突。保持熱忱需要的精力比工作時還多，所以我們的心理機制必須運轉通暢。至於怎樣做到這一點，我會在之後的章節中詳細說明。

女性的熱忱更是被錯誤的社會觀念削弱了，雖然現在的情況好很多了。人們總認為，女性對男性表現出明顯的興趣是不體面的，而在公眾場合應該矜持一些。為了學會舉止端莊、對男性冷漠，她們不知不覺地對其他事情也漠然置之。

教導女性以被動和退縮的態度面對生活，就是在漸漸消磨她的熱忱，並間接鼓勵她沉溺在個人的世界中。許多受人尊重、特別是沒有受過教育的女性，都會散發出這種特質。

她們不像一般男性對運動有興趣，也不關心政治。她們對男人拘謹冷漠，對女人暗懷敵意，並認為他人都不像自己這麼可敬。她們以獨來獨往為榮，也就是說，把對同胞漠不關心當作一種美德。

當然，這並不能怪她們，這是數千年來對女性施加的道德教育所致。然而令人遺憾的是，雖然女性是壓迫體系的受害者，但是她們不曾發覺這個制度有多不公正。對這些女性來說，事事計較是對的，慷慨大方才有害。在社交圈子裡，她們設法破壞任何愉悅的氣氛，更推崇嚴刑峻法。

幸運的是，這類女性如今在減少中，不過在風氣自由的環境中，很難想像其他地區還有這麼多保守的女性。若讀者質疑我的說法，不妨去找幾間中下階層的出租公寓，看看那些女房東都是什麼模樣。那些女性都以傳統美德作為生活準則，並以摧毀所有的生活熱忱為核心，因此她們的頭腦和心靈都已萎縮、退化了。

男性與女性的美德其實沒有差別，至少沒有傳統教育中的那些區別。因此，對女性來說，熱忱也一樣是幸福和健康生活的祕密之鑰。

第十二章 愛

失去熱忱的主要原因之一，就是感覺不再被愛。反過來說，被愛的感覺比任何事都更能促進對生活的熱忱。

感到不被愛的原因很多。有的人自認缺點很多，沒有人會喜歡自己。他也許在童年時就習慣了得到的愛意比其他孩童更少。也許事實上他就是不討喜，或因為早年的不幸讓他缺乏自信。

感覺不到愛的人，各有自己的回應方式。他也許會付出百般努力來贏得別人的喜愛，甚至會做出極其親切的舉動。但這種刻意拉近關係的作法很容易被識破，而且從人類的本性來看，我們反而會把愛意投放給要求最少的人。因此，故意示好來爭取別人的喜愛，往往會覺得幻滅，甚至認為對方忘恩負義。他從沒有想過，他試圖爭取的愛非常有價值，遠超過他給予的物質利益，但也許他感受到了愛的珍貴，才會做出這種嘗試。

有一些人比較偏激，如果發現自己不被愛，就會去報復全世界，要麼發動戰爭或革命，要麼用尖銳的筆引戰，就像英國作家斯威夫特（Jonathan Swift）那樣。這些人的個性強大到足以對抗全世界，也是對自身不幸的英勇回應。

但很少人有那樣的氣魄。大多數人如果感到不被愛，就會沉入膽怯和絕望中，只能時不時用嫉妒和惡意安慰自己。一般來說，這些人的生活會變得極其自我中心。沒人愛會讓他們缺乏安全感，而為了逃避這種感覺，只好任由慣性支配自己的生活。他們不想接觸這冷漠的世界，所以放棄選擇，過著生活千篇一律的生活。他們以為這樣就可以不受打擾。

因此，生活得有安全感的人比較快樂，只要避免因為太樂觀而導致災禍。在很多情況下，安全感可以幫人度過危機四伏的難關。比方說，走過一段狹窄有縫隙的木橋時，如果過於害怕，就更容易跌落。生活中其他的事情也一樣。無畏的人當然也會遇到突如其來的災難，但勇敢面對艱難、就有機會全身而退，換作膽小的人就可能不是這個結果。

這類有實效的自信非常多；有人不畏懼高峰、有人不畏懼潛入深海、有人在空中感覺自在。

但是一般意義上的自信，主要有賴於當事人能否常常獲得他人足夠而正向的愛。這種心態與思維模式也是熱忱的來源，接下來我會繼續。

安全感並不來自給予愛，而是來自得到愛，但在大多數情況下還是要以情感交流為基礎。

嚴格地說，能夠產生安全感的，不只有愛，還有讚賞。有些職業得依賴大眾的好感，比如演員、傳教士、演說家和政治家，他們都很需要他人的掌聲。只要收到期待中的讚美，他們的生命就充滿熱忱，否則就會忿忿不平，變得自我中心。他們需要多數人的善意，正如一般人需要少數人專注地愛自己。

受寵愛的小孩，會覺得父母的愛意是天經地義的。他不會多加思考和懷疑，儘管那對他的幸福來說很重要。他的注意力放在觀察世界，思考人生中即將到來的歷險，包括成年後的神奇探險。然而，在所有這些興趣的背後，他內心一直感到父母的愛會保護他免受任何災難。

而缺乏父母關愛的孩子，很可能就會變得膽怯、自卑又不愛冒險，無法再以快樂的探險精神面對世界。這種孩子會在年紀很小的時候就開始試著考生死和命運等重大問題。他變得內向、憂鬱寡歡，也會從某些哲學和神學體系找尋虛幻的安慰。

世界是一個混亂的居所，愉快和令人厭煩的事雜亂無章地浮現。出於恐懼，人們想從這種混亂中提煉出某種知性的體系，而事實上這是對曠野和開放空間的畏懼所致。在圖書館的四壁內，膽怯的學生會覺得安全。如果他可以說服自己相信宇宙同樣井井有條，那麼在街上走時也會感到很放心。若他獲得更多的愛，那他對真實世界的畏懼就會減少，也不再需要發明一個理想世界來支撐他的信仰。

然而，不是所有的愛都鼓勵冒險。愛是強健而不是怯懦，希望所愛之人卓越而非安定不變，也不會漠視安全。

怯懦的母親和保姆會一直提醒孩子外界有危險，她們覺得每條狗都會咬人，每隻牛都是凶猛的公牛。結果孩子和母親一樣膽小，還覺得如果脫離了她們的庇蔭，生活就會充滿危險。這種佔有欲過強的母親，會滿意孩子的怯懦，她不希望孩子有能力面對世界，而是全心依賴她。從長遠來看，這個孩子成長的結果可能比完全不被愛還糟糕。人在早年形成的心理慣性很可能持續終生。

很多人談戀愛是為了在世界中尋找小小的避難所。在現實中他們不被愛慕，但在戀愛中可以得到愛意；在現實中不被人贊許，但會被愛人讚美。對很多男人來說，家是避難所，用來遮蔽真實世界的景象。為了驅趕膽怯和懦弱，他們十分享受和伴侶在一起的時光。他們從妻子身上尋找的正是童年時母親的溺愛，可是當妻子把他們當大孩子一樣看待時，他們還是會感到意外。

定義什麼是最好的愛絕非易事，因為其中總有些保護色彩。所愛之人受傷時，我們不會無動於衷。然而，相較於實際發生的苦難，未雨綢繆的擔憂應該在愛裡佔據一小部分就好。

雖然過度擔心自己的安危不是好事，但一直為人擔憂也好不到哪裡去。後者常常是佔有欲的偽裝。引起對方的恐懼就能控制對方。所以男人都喜歡膽小的女人，保護她們等於控制她們。

一個人能接受多少關愛而不會損害勇氣，主要靠他的性格決定：堅強而富有冒險精神的人，可以接受很多關心而保持勇敢，但是膽小的人還是少接受一點比較好。

愛是一把雙刃劍。除了安全感，愛在成人生活中有重要的生物學作用，即生養小孩。對任何男人或女人來說，不能引發別人的性趣是一種巨大的不幸，因為他們喪失了生命中最美好的樂趣。可想而知，這種缺乏早晚會摧毀生命的熱忱，使人變得內向自閉。

然而，童年不幸所造成的性格缺陷，是一個人日後在愛情中失敗的遠因。男人身上特別有這種問題，因為女人傾向於愛男人的品格，但是男人卻傾向於愛女人的外表。在這方面，我們不得不承認男人比女人低一等，因為他們想在女性身上找尋的樂趣比較膚淺，而女人想尋找的樂趣層次較高。雖然我並不確定有好品格是否比有好外貌更容易，但不管怎麼說，女人更懂得妝點外貌，但是男人卻不知如何培養好品格。

到此為止，我們都是討論愛的接受。現在我想說一下愛的給予。這仍然分成兩種，一種是充分展現對生命的熱忱，而另一種是出於恐懼。前者對我而言很值得讚賞，但是後者最多是一種安慰。

天氣好的時候坐船出海觀光，就能享受賞景帶來的樂趣。這種樂趣完全是從外在獲得的，和你自身的任何緊迫需求都無關。但是如果船沉了，你就必須設法遊到岸上，若你成功得救，就會獲得新的感覺而愛上海岸；它保護你免受海浪吞噬，美醜一點都不重要了。

最好的愛是在遊船上的安全感，次等的愛是沉船後對海岸的愛。第一種愛在感覺安全、不擔心危險時才會出現；後一種愛是由不安全感產生的。

第二種愛比較主觀，也更自我中心，因為被愛之人的價值是由其用處所決定，而非其內在品質。這種愛在生活中也有其價值。事實上，真正的愛都結合了兩者的某些因素。愛克服了不安全感後，人就會重新獲得自由，感受到世界的樂趣，而這是在危險和恐懼的時刻無法感受到的。但是，雖然第二種愛在人生中確實有其作用，但還是不如另一種愛，因為它是基於恐懼，而恐懼會帶來負面作用，而且這種愛是以自我為中心。在最好的愛中，人會希望擁有新的快樂，而不是逃避原來的痛苦。

最好的愛是互惠的；雙方都帶著喜悅接受愛，並毫不費力地給予愛，彼此都覺得整個世界變得更有樂趣了。然而，還有一種愛絕不罕見：一方吸收另一方的生命力，得到別人的愛，卻什麼都不給予。

很多看似很有生命力的人，其實就屬於這類吸血者。他們從一個又一個受害者身上吸血，因而生命力旺盛、變得有趣，但那些受害者就會變得蒼白、暗淡、愚鈍。

這些人把他人當成達到自己目的的工具，而不考慮對方也有自己的需求。這些人以為自己深愛對方，但其實對他們不感興趣。吸血鬼只在乎能帶來刺激的東西，也許是某個相當沒有人情味的事物。很明顯，這種心態源於他們本性中的一些缺陷，但它們很難診斷出來，也很難治癒。野心勃勃的人通常都是如此，而且他們內心有過度的偏見，對於人的幸福也有不當的理解。

互惠而相愛的人不會把對方當作獲取好處的手段，而是當成生命共同體來實現美好的人生。自我過於封閉，無法擴充這種情感的人，會失去生命中最美好的東西，哪怕他事業再成功。少年時的憂愁、長大後遇到的不公或者其他會引發被害妄想的因素，都會讓人對人類充滿憤怒和厭惡，並產生排除情愛的野心。

過於強大的自我就像一座監獄，如果想充分享受世界，就必須從中逃離。擁有真正的愛的能力，正是這樣的自由人。光是接受愛絕對不夠，應該要轉而釋放給別人。給予和接受均衡共存，愛才會達到最好的狀態。

心理和社會的障礙阻礙了感情的互惠與綻放，這是非常嚴重的問題。世界在一直忍受這些方面的危害，而且還會繼續忍受下去。人們在稱讚他人會猶豫，因為怕說錯話，給予愛也同樣緩慢，因為害怕所愛的人或這個挑剔的世界傷害自己。在道德和老生常談的掩護下，人被迫變得謹慎，慷慨和冒險精神不再受到鼓勵，而這些正與愛相關。很多人變得膽怯或忿忿不平，因為終其一生上基本的需求都得不到滿足，也喪失了樂觀開放的處世態度。不過，不遵守傳統道德的人也不見得高明到哪裡。

在純粹的性關係中，常常沒有真正的愛意，敵意倒是不少見。每個人都試圖有所保留，都有根本性的孤獨，也都保護自己，因而無法結出愛的果實。這種性經驗中沒有什麼重要的價值。但也無須小心避免這種情況，若是太刻意的話，反而可能擋下了有價值而深刻的愛。但我確實認為，只有那種毫無保留的性關係才有價值。在其中，雙方就能融合在一起，並形成新的共同人格。在人生的各種層面中，對愛謹慎也許是對幸福最大的致命傷。

第十三章　家庭與教養

從過去延續至今的所有制度中，沒有比家庭更混亂而脫軌的了。父母之愛和子女之愛都可以成為幸福的最大源泉，但事實上，現今的親子關係卻是家庭不和的主要原因，也導致有一方的生活變得不快樂。家庭無法提供原本有的基本滿足感，是這個時代的人普遍不幸福的深層原因。希望和子女建立愉快關係的父母，或者希望給子女快樂生活的父母，必須深刻反思自己的教育方式，在作法上也應該更靈活。

家庭這個主題過於宏大，所以除了與幸福的關係外，本書無法全面論述，能討論的範圍也限於從個人的能力去改善，而不涉及社會結構。

當然這是非常大的討論限制。因為今天家庭不幸福的原因太多了，有心理、經濟、社會和教育的原因，還有政治上的因素。

對於富裕階層的女人們來說，有兩個原因讓她們覺得在今日生兒育女的負擔比過去更重。一方面，單身女性已經能投入一般職場；另一方面是僕人越來越難請。

過去，女性得設法嫁人是因為大齡未婚女性的生活極度狹隘。她只能待在家裡，在經濟上依賴別人，如果父親已經不在的話，還得拜託兄弟養自己。她無法用工作來充實一天的時光，沒有自由享受住家牆外的生活。她既無機會也沒意圖去探索性，並認為婚姻之外的性行為都是令人憎惡的。如果這些保護措施失效，她受到某些狡猾男子的誘惑而失去了貞潔，就會陷入萬劫不復之地。在戈德史密斯（Oliver Goldsmith）的小說《威克菲爾德牧師傳》（*The Vicar of Wakefield*）中就有這樣的描述：

能掩蓋她的罪過的，
能從別人眼中遮蔽她的羞恥的，
能讓她的情人懺悔
並讓他心中悲痛的——只有死亡。

遇到這種情況，現代的未婚女性就無須尋死。只要她受過良好的教育，就可以不顧父母意見去找工作。父母已經失去了控制女兒的經濟權力，就必須更謹慎地尊重女兒的道德立場，畢竟她不會待在家中任憑他們責罵。

因此，今日職場中的未婚女性能充分享受生活，只要她的智力和魅力不低於平均水準，並且沒有生養小孩的欲望。但如果這種欲望控制了她，她就要被迫結婚，如此一來就肯定會丟掉工作。婚後，她生活的舒適感一定比以前低，因為丈夫的收入搞不好比她少，而且薪水還得用來養活全家。習慣了獨立生活後，她會覺得跟丈夫要錢是難堪的事，對於成為人母便更加猶豫不決。

現代女性若冒險成為人母，那麼跟前幾輩的女性相比，會遇到一個前所未有的問題，即佣人變少了，而且素質都很差。因此她只好重新和房子綁在一起，被迫做無數煩瑣的家務，這些工作與她的能力和所受的教育毫不相關。如果她不親自去做，就得大家斥責散漫的僕人，進而毀掉她的好脾氣。至於照顧子女這方面，如果她了解得夠深，就會發現保姆很危險、一點都不可靠。甚至最簡單的清潔和衛生工作也不能交給旁人，除非她有錢雇用在專業機構受過訓練的昂貴保姆。

被那麼多瑣碎事務纏身，如果她還沒有失去自己的魅力和四分之三的聰慧，那可真的是萬幸了。整日為家庭操勞，這些女性在丈夫眼中變得面目可憎，在孩子眼中也顯得討厭。晚上丈夫下班回家後，會覺得妻子很嘮叨又無聊，只會講白天遇到的麻煩事。如果她默不作聲，丈夫又會覺得她心不在焉。在親子關係中，她會牢牢記得自己為他們犧牲過什麼，也一定會要求對方回報更多。為了應付這些瑣事，她慢慢變得挑三揀四、心胸狹隘。為了履行家庭責任，她忍受這一切，但最後只有得到不公平的回報：失去了孩子們的愛。如果她學著不管孩子，只要保持自己的快樂和魅力，孩子反倒會喜歡她。

這些狀況本質上都經濟問題，另一個嚴重的情況也是，我指的是大城市人口密集所導致的居住問題。在中世紀，城市和現在的鄉村一樣荒僻。現在孩子還會唱那時候的童謠：

聖保羅教堂的尖塔立著一棵樹
上面長滿了蘋果，
倫敦城裡的小朋友們跑過來
拿著棍子把它們打落。
他們翻過一道道籬笆，
一直跑到倫敦塔。

尖塔已經不復存在，我也不知道聖保羅大教堂和倫敦塔橋之間的籬笆是什麼時候沒有的。倫敦的孩子們已經幾百年無法體會到這首兒歌所寫的趣味了，但在不久前，大部分人口還生活在鄉村地區。

那時候城鎮規模並不大，出城很容易，而城中有花園的房子很常見。到了現在，英國城市居民的數量大大超過了鄉村居民。在美國，城鄉人口差距還不大，但也在迅速攀升。

倫敦和紐約等城市面積廣大，出城需要花費大量時間。城市裡的人通常只能住公寓，而且在其中連一寸土地都摸不到。沒錢的人只能住在極小的空間，有小孩的話就更難生活。孩子沒有地方玩，父母也無處逃避他們製造的雜訊。所以上班族都設法搬到郊區。孩子當然喜歡那樣的環境，但大人會因通勤而更加疲憊，對家庭的影響力也會減弱。

然而，這種龐大的經濟議題不是我想討論的，因為它們超乎了本書要關心的問題，即現代人要怎麼做才能獲得幸福。親子關係的心理因素便接近了此問題的核心，而且跟民主思想息息相關。

過去有主人和奴隸之分：主人決定一切，也喜歡他們的奴隸以及他們所提供的各種服務。有些奴隸痛恨主人，但不像民主人士說的那麼普遍。就算他們痛恨主人，後者也渾然不知，所以總是過得很快樂的。民主思想普及之後，一切都變了，奴隸不再服從，主人也變得猶豫不決、懷疑自己的權力。摩擦開始出現，雙方都不開心。

我說這些不是為了反對民主思想，在各個重大的變革時代，這些衝突都無法避免。我們應該正視這個事實，因為它們確實讓整個世界變得不大安穩。

親子關係的變化是民主發展的一個具體例證。父母不再對自己的權力確信無疑，孩子也不再覺得應該尊重父母。服從的美德以前被認為是天經地義的，現在已經落伍了，也理當如此。

精神分析問世後，受過教育的父母開始擔心，自己對待子女的方式是否明智、是否會傷害他們。親了自己的孩子，也許會導致伊底帕斯情結；不親的話，又會引發孩子的妒意。命令孩子去做事，父母會有罪惡感；不命令的話，孩子又會沾染壞習慣。看見嬰兒吮吸手指，父母會思考這背後的可怕涵義，卻又不知道該怎麼阻止。

在過去，教養包含權力的行使，但現在父母卻變得怯懦、焦慮又充滿疑慮。以前當父母的快樂消失了。與此同時，因為單身女性擁有更多自由，而成為母親就得犧牲更多。盡責的母親對孩子要求太少，而不負責的母親則要求太多；前者壓抑自己對孩子的感情，而後者會試圖在孩子身上找尋自己失去的快樂。在第一種情況下，孩子的感情需求無法被滿足；在第二種情況下，他們的感情則受到過度的刺激。這兩種情況都不能產生理想的家庭關係以及當中簡單自然的快樂。

有鑒於這些矛盾，生育率下降還有什麼好奇怪的呢？生育率下跌，人口迅速減少，但是富人階層例外，因為他們的生育率早已下降。大部分文明高度發展的國家都是這樣。

關於富人們的生育率，我們沒有太多可參考的資料，但數學家桃樂絲・溫奇（Dorothy Wrinch）在其著作《逃離教養》（*The Retreat from Parenthood*）中有指出兩個事實。一九一九到一九二二年之間，斯德哥爾摩職業女性的生育率只佔總人口生育率的三分之一。美國衛斯理大學的四千個畢業生在一八九六年到一九一三年間生育了約三千個兒童，但如果要預防人口數量滑落，數量應為八千個。

毫無疑問，白人的文明有一個特點，即教育程度越高的男女，越是不願意生育。文明程度高的國民都不願意生育，而文明程度低的地區則正好相反；換句話說，生育意願隨文明程度高低而有所變化。目前，西方國家中最有智慧的人口正逐漸減少，用不了幾年，整個西方世界的人口都會變少，除非從文明程度較低的地區遷入移民。而一旦他們融入西方世界的文化，也會變得不想生育。這種社會是不穩定的，除非政府有辦法刺激生育，不然遲早會滅絕，讓位給熱愛生育、人口不會大幅減低的國家。

在各個西方國家，官員、教會領袖都努力勸告民眾、甚至動之以情，請大家要增產報國。他們強調，每個已婚人士都有責任生養小孩，至於要生幾個，則得遵循上帝的意志，他們以後能否過得健康幸福。男性神職人員高聲讚頌母性的神聖光輝，還虛偽地說，就算家中滿是又病又窮的孩子，也是必然幸福的。

政府也加入騙局，鼓吹大家增產報國，因為有足夠的炮灰是必要的，如果沒有這麼多等著要消滅的人口，那些精密複雜的毀滅性武器又有什麼用武之地呢？奇怪的是，許多父母認同這種政令宣導，但只會拿去說服他人；若是提到自己的小孩，他們就假裝沒聽到。

宗教人士和愛國主義者的心理戰術並不成功。以前神學家用地獄之火威脅人民，還得到不錯的效果，但現在只有極少數人會把這種威脅當一回事。事實上，如今已沒有任何威脅可以影響到個人對於生育的選擇。

政府的立場更殘忍。一般人也許會叫別人去當炮灰，但是絕不允許自己的孩子被這麼犧牲。因此，政府能做的就是盡力讓窮人保持愚昧。然而根據資料顯示，除了少數落後的西方國家外，這種做法並不成功。即使公共責任明確地存在，也很少有人會為了國家生兒育女。

會生兒育女的人，其要麼相信子女會增加自己的幸福感，要麼不知道如何避孕；後一種狀況如今仍然是主因，但正逐漸減少。政府或教會做什麼都無法阻止人口持續減少。因此，白人如果不想滅絕，就要想辦法讓生兒育女變成令人幸福的事。

先不考慮實際的情況，從人類本性的來看，我認為有一點很清楚：生養子女能在心理層面帶來最大、最持久的快樂，這一點在女性身上特別能證實，對男性而言，也比一般人以為的還真實。在過往無數的著作中，這個觀點都是理所當然成立的。希臘女神赫庫芭比她的丈夫普里阿摩斯還關心子女；在《馬克白》中，麥克德夫勳爵也比妻子更關心子女。在《舊約聖經》中，不管男人還是女人都積極傳宗接代；在中國和日本，這種態度從古至今都沒有變。

有人說這種欲望源於崇拜祖先，而我認為事實正相反，祭祖反映出人類對家族延續的重視。與當今的職業女性相反，過去人們生兒育女的動機非常強烈，也願意做出各種犧牲來滿足這種念頭。

就我個人而言，我在撫養子女的過程中獲得許多幸福，比其他任何事都要多。我相信，不管是男性或女性，若因環境不允許而放棄這種幸福時，他們內心深處肯定有種需求沒有被滿足，並產生一種不滿和厭倦感，但他們並不知道它們從何而來。

要在這世上快樂地活著——尤其當青春逝去之後，就不能感覺自己只是個時日無多、孤立的個體，而是生命洪流的一部分；從一個細胞出發，一直走向遙遠未知的未來。作為一種有意識、以明確用語表達的情感，它涉及到過度文明和知性的世界觀。然而，作為一種模糊的本能情感，它是原始且自然的；失去了它，我們才變得過度文明。

如果能取得某種偉大而卓越的成就，並為後世留下印記或作品，或許能滿足這種感覺。但是對沒有特殊天賦的普通人來說，唯一的方式就是透過生育來滿足。

讓自己的生育衝動萎縮，其實是在遠離生命的洪流，代價和風險就是自身生命會跟著乾涸。除非他們能過得超然無我，不然死亡會帶走一切。後來的世界不會關心他們，他們也會覺得自己的所作所為都是渺小、無關緊要的。

有些人兒孫滿堂，並自然而然地愛著他們。未來對他們有限的生命非常重要，但不是出於道德和想像，而本能地覺得如此。若你能把關心的對象從自我往外擴展，之後就會不斷延伸。正如亞伯拉罕心滿意足地想到，自己的後代將會前去繼承應許之地，儘管要經過很多代人才能實現。憑著這種想法，他就擺脫了無望的感覺，以免自己的其他情感會跟著毀滅。

家庭的基礎當然是父母對子女的特殊感情，這和父母之間互相的愛情，或者對別人孩子的好感都不同。有些父母對子女的愛確實比較少，有些女性也會對別人的小孩視如己出。即使如此，對大多數人來說親情是非常特別的，人們只會全心關愛自己的子女，對其他人就不會這樣。

這種情感繼承自我們的動物祖先。在這方面，我覺得佛洛依德的觀點似乎並沒有足夠的生物學基礎，因為只要觀察一下母親對待幼崽的行為模式，就會那和對性伴侶的方式完全不同。這種出於本能的差別對待也存在於人類身上，只是形式上有所改變，也沒有那麼明確。如果沒有這種特殊情感，那麼家庭就不是什麼有價值的制度，孩子請專業人士照顧好。

然而，只要父母的本能沒有萎縮，那樣的特殊感情對自身和孩子都是有價值的。對孩子的價值在於這種感情比較可靠。朋友會因為你的優點而親近你，愛人會因為你的魅力而仰慕你，但如果優點和魅力減少了，友誼和愛情也許就會消失。但是父母對子女的愛最可靠，不管是孩子遇到壞事或生病時，甚至在他們被欺負時依然如此（如果父母稱職的話）。某些優點獲得別人的稱讚時，我們會感到快樂，但是我們大多是謙虛的人，會覺得這樣的讚美是暫時的。但父母的愛就不一樣，因為我們身為子女的事實是不會改變的。因此和他們在一起會更有安全感。在人生順風順水的時候，這看上去沒什麼重要的，但是在失敗落魄時，它會給人一種安慰和安全感，這是在其他地方無法獲得的。

在各種人際關係中，確保一方幸福很容易，但是要保證雙方都快樂很難。獄卒喜歡恐嚇犯人、雇主喜歡責罵雇員、統治者喜歡壓迫人民，古板的父親則用棍棒來給兒子灌輸道德……這些都屬於單方面的快樂，而另一方就沒那麼愉快了。眾所周知，這些快樂都不夠周全，因為好的關係一定能令雙方都滿意。

這個道理尤其適用於親子關係，特別是在今日，父母從孩子身上得到的快樂比以前少，而孩子在教養中所受的苦也比較少。我不認為父母的快樂變少是合理的，儘管這就是當下的事實。我也不認為，父母有什麼理由無法增加子女的快樂。然而，像現代人致力要實現的各種平等關係，親子關係也需要體貼、溫柔以及對彼此的尊重，而這是講求競爭的現代社會所忽略的。

想一想父母養育子女的幸福吧！除了生物上的本能情感，還有父母尊重子女後所產生的快樂。這對當今強調平等的世界至關重要。

做父母的幸福其原始根源有雙面性。

一方面，在這種愛中，人會覺得自己的肉體死亡之後，還有一部分肉體能夠延續，生命仍然得以延長；而延續的這一部分，可能會以相同的方式再延長下去。以此類推，從而保證個人細胞的不朽。

另一方面，親情緊密結合了權力和溫柔。新生兒總是很無助，因此父母會有衝動想要滿足他的各種需求，這不僅滿足了父母對孩子的愛，也滿足了自己對權力的渴望。只要父母覺得孩子無助，那他們的愛就絕不能說是無私的，因為它在本質上是保護自己某個脆弱的部分。

孩子還小的時候，父母的權力欲和為孩子好的願望就會發生衝突。雖然父母管教孩子是天經地義，但也希望孩子在許多方面能早點學會獨立自主，而這種想法終究會與父母自己的權力欲相衝突。

有些父母從來沒有意識到過這種矛盾，一直都像暴君一樣對待孩子，直到有一天孩子準備奮起反抗。這時父母就會發現自己成了親子衝突的獵物，過程中，他們養育子女的幸福感消失了。

父母對孩子投入那麼多關心，卻發現孩子成長後跟自己期待的並不一樣，還因此感到很可恥。有些父母希望孩子當兵，但孩子卻是個和平主義者；有些父母希望孩子是像托爾斯泰一樣的和平主義者，但他卻加入了俄國的極端組織黑色百人團。

但是父母遭遇的難題不只出現在子女成長的後期。比方說，如果你餵孩子吃飯，但其實他已經可以自己進食，那麼你是把自己權力欲放在他的幸福之上，儘管你覺得自己只是出於好意要幫他省掉麻煩。有些父母太常提醒孩子環境有多危險，並在內心深處希望孩子依賴自己。父母在對孩子表達愛意後渴望得到回應，就是想利用感情把他緊緊抓住。透過千百種或直接或間接的控制方式，父母會不自覺地變成暴君，除非他們心思單純或時常提醒自己。

現代家長意識到了這種風險，所以會對管教子女缺乏信心又成果不佳，還不如讓孩子們自然而然地犯錯。爸爸媽媽缺乏自信和掌握度，反而會讓孩子感到不安。

所以對父母來說，保持內心單純要好過謹小慎微。只要降低權力欲、發自內心真心關懷孩子，家長就不需要心理專家來告訴自己該怎麼做，直覺會正確地指引他們。親子關係從頭到尾都會很和諧；孩子不會叛逆，父母也不會有挫折感。但首先，父母得先尊重孩子的人格，這不光是一種原則，不是出於道德或者理智，而是一種深切的感覺，幾近於神祕的信念，直到控制和壓迫的欲望完全消失。

當然，不僅對待孩子需要如此，婚姻也是；在友情中要做到這一點沒這麼難。在理想的世界中，不同的族群和黨派的政治關係也應該如此，儘管這只是個遙不可及的願景，我們不該太過沉迷。雖然大人的世界普遍需要這種善意，最需要的仍然是兒童，因為他們個頭小、力氣弱又常需要幫助，所以庸俗的靈魂才會輕視他們。

回到本書所要討論的問題。我的觀點是，如今只有懂得尊重子女的父母，才能充分享受到養育子女的幸福。他們不需要壓抑自己對權力的欲望，也不需要像專制家長一樣，在孩子爭取自由時感到痛苦和失望。他們所得到的幸福，勝過專制家長透過權力欲所得到的滿足感。當我們溫柔地淨化親情中的專制因素時，就能得到更細緻、更溫暖的喜悅。在愛的點石成金下，日常生活充滿了神祕的狂喜。對於在艱困的世界中爭鬥以維持自己地位的人，這種喜悅是遙不可及的。

儘管我對父母之愛有高度評價，但我不像多數人那樣，認為母親就應該全心盡力為孩子服務。這種看法在以前管用，因為那時候人們對教養一無所知，只有母親傳給女兒的那些不科學又零碎的方法。但是，如今教養方法已非常進步，許多工作也最好交給做過專業研究的人，尤其是跟「教育」有關的部分。舉例來說，不管母親有多愛孩子，我們都不會期待她去教孩子微積分。在學習知識方面，孩子接受專業人士的指導比較好。但是在兒童教育的許多其他層面，人們還不了解那些也需要專業的經驗來協助。毫無疑問，某些事情的確適合母親來做，但孩子長大後，教育交給專業人士來做更好。如果人們普遍理解到這一點，母親就可以省下許多煩惱和心力，畢竟教育並不是她們的專業領域。

對於有專業能力的女性來說，不管是為她自己還是為社會好，她都應該繼續從事原本的工作。雖然她在懷孕和哺乳期得放下工作，但九個月大的孩子就不應成為她回到職場的巨大阻礙。

若社會要求母親為孩子做太多犧牲，甚至超過理性的界限，除非這些母親跟聖人一樣無私，否則她們就會想從孩子身上得到更多不合理的補償。許多自認為犧牲很多的母親，其實都極其自私，對孩子並不好。養育子女雖然對人生很重要，但如果把它當作生命的全部，人就會變得難以滿足，進而在情感上貪得無厭。因此，不管是為了子女的利益，還是為了母親自己的利益，她們都不該斷絕自己的愛好和追求。

某些女性若真的對養育子女有使命感，並且有足夠的知識能好好照顧孩童，她們就該發揮長才去照顧一群兒童，包括自己的孩子在內。家長們只要滿足國家設定的最低要求，都有自由決定自己的孩子該接受怎樣的教育，只要他們所指定的人員符合資格。重點在於，母親不必親自去做其他女性做得更好的事。對孩子的教育迷惘而力不從心的母親，應該毫不猶豫地把他們交給有這方面天賦並且受過必要訓練的女性。養育子女沒有所謂的天賦的本能，一味地寵愛孩子又暗藏著佔有欲。很多孩子的心理健康就是被母親無知而多愁善感的教養毀壞的。

人們總認為，在教養問題上不能指望父親太多，但其實子女對父親的愛也非常多。在將來，母親與子女的關係會變得像目前父親與子女的關係，前提是女性在生活中能擺脫不必要的奴役，而孩子能從不斷發展的教養知識與兒童教育中獲益。

第十四章 工作

工作是幸福還是不幸福的源頭？這個問題令人困惑。有一些工作確實無比煩人，負擔太多也會令人非常痛苦。然而，我認為只要工作量適中，即使是最無聊的工作，也比無所事事令人滿足。

根據性質和工作者的能力，工作可分為很多等級，有些只是為了解悶，某些可帶來最深邃的樂趣。但大多數不得不去做的工作都很無趣，雖然當中有不少優點和益處。

首先，它們能打發時間，讓人無須思考一天內該做點什麼。

閒暇無事、可以自由支配時間時，大多數人想不出有哪些事有意義又有趣。不管做了什麼決定，他們還是會覺得做別的事可能會更有趣。能夠有智慧地打發閒暇時光是文明的遺跡，而今天很少有人能夠做到。更重要的是，做選擇讓人疲憊，除了主動性很強的人，否則多數人都適合聽從他人的指示去安排作息，只要這些命令不會太讓人不愉快。大多數閒散的有錢人都得忍受無法言說的煩悶，這就是他們免於辛勞的代價。有時他們會去非洲狩獵或者周遊世界來尋得安慰，但是這些活動隨著年紀減少，尤其當青春逝去後。因此更聰明的有錢男性會勤勞地工作，就像他們很窮一樣，而有錢女性多數時間都忙於瑣事，以為這些事情有足以撼動世界的重要性。

因此人們是渴望工作的，主要就是為了防止無聊，做必要但無趣的工作很苦悶，但無事可做更苦悶。還有一個好處，工作會讓假期變得更美好。只要不會損害生命力，工作就能給人帶來熱情，好過無所事事的遊手好閒。

對於大多數有報酬的工作和少數義務工作來說，第二個優點是可以給人成功的機會和實現抱負的可能。

在多數事業中，成功取決於收入，而只要資本主義社會繼續存在，這就是不可避免的。只有那些最偉大的工作才不適用這個標準。提高收入的欲望，其實就是對成功的渴望，也可以為生活帶來更多舒適感。只要有助於建立全球性或地方性的聲譽，不管這份工作多無聊，都是可以忍受的。長遠來看，擁有持續性的目標是幸福生活的重要因素，而對大多數人來說，這種持續性是在工作中找到的。

在這方面，生活被家務佔據的妻子比男人和職業婦女更不幸。家庭主婦沒有工資，沒有辦法讓自己變得更好，做什麼事都被丈夫視作理所當然（對方也幾乎看不到她實際的付出），就算被丈夫重視，也不是因為家務工作，而是出於其他原因。當然，有錢能打造美麗花園和房屋的貴婦就不在此限，她們是鄰居欽羨的對象，但這樣的女人畢竟是少數。對大多數家庭主婦來說，家務工作帶來的滿足感遠不如一般工作給男性和職業女性的收穫。

大多數工作都既能提供消磨時間的滿足感，也能為雄心壯志找到出口，不管這個出口多麼小。而且不管多無聊，都比失業讓人更快樂。但是如果是有趣的工作，它就能帶來更高階的滿足感。工作也可以用趣味性來分等級。接下來我們就從稍微有趣的一直說到值得投入全部精力的工作。

工作要有趣，兩種元素必不可少：首先是能展現技能，其次是有建設性。

學有專精的人都很享受發揮長才，直到它變成本能反應，或是沒有進步空間。這種動力從兒童時期就存在，比如說，能倒立的男孩總是不甘於乖乖站著。很多工作提供的樂趣其實與玩遊戲相同，正如律師和政治家的工作有如打橋牌一樣，而且更令人愉悅。

當然，除了施展技術外，勝過技能嫻熟的競爭對手也是一種樂趣。即使缺乏競爭元素，鑽研攻克一件困難的任務也是令人愉快的。從事特技飛行的駕駛員一定得到許多樂趣，才甘願為此冒生命危險。我猜想，能幹的外科醫生雖然要在高壓的環境下工作，但也會從精確的手術中獲得成就感。

雖然沒那麼強烈，但大多數的一般工作中也有樂趣，比方有些水電工人非常喜歡自己的工作。技術性的工作都可以讓人快樂，因為當中有多樣的變化和成長空間。如果缺少這些條件，當他做到非常嫻熟的程度後，這份工作就不再有趣。正如熱愛長跑比賽的人，一旦過了能突破個人紀錄的年紀，就無法再獲得其中的樂趣了。

幸運的是，工作中新的挑戰會不斷出現，人們得持續鑽研新的技巧、一直進步，直到中年。有一些技術性的工作，比如政治，從業者最好的年齡是六十到七十歲，因為廣博的經驗在此至關重要。成功的政治家在七十歲時比其他同齡人都要快樂，只有大企業的領導人可以與之相提並論。

最好的工作中還有一個元素，甚至比展現技能更能帶來幸福，那就是建設性。雖然這樣的工作不多，但在完成時會留下如紀念碑一般的紀錄。

區分破壞和建設的標準如下。在建設工作中，一開始的狀態是混亂的，但是最後會呈現出明確的目的；破壞性的工作則恰恰相反，一開始的狀態很明確，但最後會一片混亂。也就是說，破壞者是要製造無目的的狀態。從字面上的意義就能清楚掌握這個標準：蓋房子和拆房子。前者要按照提前設定好的計畫實行，但拆房子時，不會有人規定那些建材該如何散落。

當然，在很多情況下，破壞是建設前的必經步驟，是整體工程的一環。人們也常常投入沒有目的而純粹破壞性的活動，當中沒有任何一點建設性。然而他們通常會自我欺騙，相信自己是在做建設前的清理工作。揭穿這種虛偽其實很容易，只要問問他們之後的建設目標是什麼就可以了。他們會回答地含糊其詞、毫無熱情，卻對自己的破壞工作一清二楚、洋洋得意。很多革命家、軍閥等宣揚暴力的人都是這樣的。他們不自覺地受到內心的仇恨驅動，目的是為了毀滅自己痛恨的事物，而之後會怎麼樣，他們則不是那麼關心。

我不否認破壞性工作中也有樂趣，但它更為兇殘，也更為激烈，其結果也很少能給人滿足感。正如為了完成任務而殺死敵人，事成之後，你獲得的滿足感很快就會消散。

建設性工作則不然。任務完成後的回顧會令人感到愉悅，而且成果不可能盡善盡美，所以也不用擔心之後無事可做。最能帶來滿足感的事業，有無限的成長空間的工作最能帶來滿足感，工作者能從一種成功走向另一種成功。從這方面來說，建設性工作是真正的快樂之源，在其中能獲得的滿足感要遠大於破壞性工作。被仇恨佔據的人很難像他人是如何容易地從工作中得到快樂。

因此，要想改掉仇恨的習慣，最好的辦法就是做一件重要的建設性工作。

透過成就偉大事業來獲得滿足，是生命中最令人感到幸福的事，可惜的是，具有特殊才能的人才能享受這樣的美好之事。在重大工作中的成就感和快樂沒人可以剝奪，除非後來有人證明其實它很糟糕。

這種滿足感有很多種。

按照計畫灌溉，讓一片荒野像玫瑰一樣盛開，從中享受到的快樂是最實實在在的。建立一個組織也非常重要。政治家投入畢生精力、從混亂中建造秩序的政也是如此——列寧就是我們時代的典範。

最典型的例子要數藝術家和科學家。莎士比亞如此評價自己的詩文：「人能呼吸多久，或眼睛能看見多久，這些作品就會存在多久。」他在不幸中給自己不少這樣的安慰。他在十四行詩的作品中說，想念朋友令使他重新與生活產生連結，但是我不禁懷疑，他寫給朋友的詩比朋友本身更撫慰人心。

偉大的藝術家和科學家從事的工作本身就充滿快樂；在工作領域，他們能獲得重要人士的尊重，而這給了他們巨大的力量，因而更能影響他人的想法和感情。此外，他們也有最充分的理由來看重自己。

許多人以為，結合了這些幸運的因素，任何人都會變快樂，然而事實並不如此。舉例來說，米開朗基羅就非常不快樂，並且強調說（我不確定這是否為真），如果不是為了還錢給窮親戚，他絕不會用藝術創作來折磨自己。雖然不是絕對，但傑出的藝術創造力常常與憂鬱脫不了關係。那種憂鬱如此沉重，要不是因為工作能帶來快樂，藝術家甚至會自殺。偉大的作品不一定能讓創作者快樂，但至少減低一點他的憂鬱程度。

相較之下，科學家很少有憂鬱的心情，而且多數卓越的科學家都是快樂的，其源頭主要來自於工作。

在今日，知識分子不快樂的原因之一，是其中很多人（尤其是從事文學創作的）找不到可以施展長才的機會，只能受雇於一些庸人建立的有錢公司。這些雇主逼迫他們產出一些有害的無稽之談。如果你調查英國或美國的記者，問問他們是否相信自家報社所主張的立場，我相信，你會發現只有少數人給予肯定的回答。大多數的讀書人為了生存，不得不出賣自己的技藝，投身於那些他們認為有害的目標。

這些工作不會帶來任何真正的滿足感，而且為了說服自己、與自己和解，他們只好變得憤世嫉俗，以至於無法再從其他事情中獲得充分的快樂。我無法譴責從事這種工作的人，因為生計確實是個大問題，但是我認為，只要不陷入窮困挨餓的境地，為了自身幸福，最好還是去從事能滿足成就感的工作。有些工作雖然報酬很高，但你內心其實覺得沒有價值，那就最好放棄。不尊重自己的人很難得到真正的快樂，而從事自認為可恥的工作就是不尊重自己。

儘管從比例來看，只有少數人可以從事建設性工作並獲得帶來的滿足感，但更多其他人還是有機會體驗到的。能掌握自己的工作、或覺得自己的工作專業又有價值的人都會有這種感覺。比方說，養育出令人滿意的孩子就是一項困難的建設性工作，可以給人巨大的滿足感。所有達成這一成就的女性都會覺得，透過這樣的勞動成果，世界確實出現了某些先前不存在的特殊價值。

對於生活的整體性，每個人看法都不同。有些人覺得，生活當然得從整體去理解，只要帶著滿足感去觀察，就能更能擁有幸福。對於另外一些人而言，生活是一系列分裂而偶然的事件組成的，它們隨機地流動，並沒有統一性。

我認為前一種人更容易得到幸福，因為他們能慢慢地構建生活環境，並從中得到滿足感和自尊，而後一種人會被命運的風吹著跑，永遠找不到安身之所。

學著把生活視為一個整體，才能邁向智慧和真正的道德。家長或老師應該積極鼓勵這種習慣。光有持續性的目標，雖然還不足以讓生活變得幸福，但卻是幸福生活的必要條件，而那樣的目標主要就體現在工作中。

第十五章 休閒活動

在這一章，我打算討論的不是那些擺在生活核心的主要興趣，而是充實閒暇時間、在緊張工作之餘得以放鬆的次要興趣。在一般人的生活中，老婆、孩子、工作和經濟地位是焦慮的來源和思索重心；就算他有婚外情，也會在意這段感情會他的家庭有什麼影響。

我不認為與工作有關的興趣可以算作休閒。比如科學家，他必須在自己的專業領域與時俱進。他對自己的研究充滿熱情和動力，是因為這與他的事業緊密相關。如果他閱讀其他與自己研究領域無關的論文或著作，態度就會比較隨意，也不會有那麼大的熱情。即使他必須動腦閱讀，過程仍然是放鬆的，因為這和他的工作職責無關。如果這本書讓他感興趣，那也只能算是休閒活動，因為這些知識無法用在他自己的研究上。本章要討論的，正是這種在日常主要活動外的興趣。

如果一個人只能對有現實意義的事情感興趣的話，就很容易變得憂鬱、疲勞和精神緊張。最後，他的意識只會圍著一小部分焦慮和擔憂的事打轉，頭腦得不到休息。當潛意識默默地在醞釀智慧時，意識總是無法安靜下來，除了睡覺時。此人的神經會太過興奮，所以不再有清明的頭腦，還變得煩躁易怒，生活失去平衡。這些既是疲勞的起因，也是結果。

身心若越來越疲憊，我們對外界的興趣就會逐漸衰減，接著失去它們帶給自己的慰藉，從而變得更加疲憊。這種惡性循環很容易讓人精神崩潰。休閒興趣之所以讓人放鬆，是因為當事人不需要有所作為。做決定和做選擇都是很耗神的，特別是在有限和緊急的時間內、又得不到潛意識的啟發時。

有些人在做重大決定前需要好好睡一覺，這是對的。但不光只有在睡覺時潛意識的活動才能充分開展，意識轉向其他方面的時候，潛意識也能夠運作。下班後忘記工作、直到第二天才想起來的人，工作成效可能比整天對工作憂心忡忡的人更出色。在工作之外有足夠多的興趣和休閒，就更容易在應該忘記工作的時候忘記它。

然而，有一點很重要，這些興趣不應該再涉及在工作中被榨乾的感官和認知能力。這些興趣不需要意志力、不需要立刻做決定，也不該像賭博一樣會影響到經濟狀況，也絕不能太過刺激，以免導致情緒疲勞，使意識和潛意識都無法休息。

很多娛樂活動都滿足這些條件，看比賽、看表現和打高爾夫都是沒有問題的。對於熱愛閱讀的人來說，看看與專業無關的書也會有滿足感。不管某件事有多重要、多讓人擔心，它都不應該佔據一個人全部的清醒時間。

在這方面，男人和女人的差別很大。整體來講，男人比女人更容易放下工作。對於家庭婦女來說比較難，這是很自然的，因為她們一直在家，無法轉換生活環境。男性就可以改變，只要離開辦公室，另一個環境就能帶來不同的心情。

但是，如果我沒說錯的話，職業婦女在這方面與家庭婦女幾乎一樣，都放不下工作。她們很難對沒有現實意義的事情感興趣。她們的思想和行動一直受限於既定的目標，也很少盡情投入於某些無關緊要的嗜好。我當然不否認有例外，但在我看來這些現象很常見。比方在女子學院中，如果晚上沒有男性在場，女性教師總是三句不離本行；但是男子學院中的情況就不是如此。在女人看來，這表示女性比男性更盡職盡責，但長遠來看，我不認為這有助於提升工作品質，還會造成眼光狹隘、個性急躁。

休閒活動除了能讓人放鬆，還有很多其他好處。首先，我們可以藉此找回生活的平衡感。我們很容易全心全意投入自己的理想、社交圈或工作，而忘記了它們在人類所有活動中佔據的比例是多麼小，也忘記世上還有許多事情完全不受我們的行動所影響。

為什麼應該記得這一點呢？我可以列出好幾個理由。首先，最好對世界的全貌有真實的了解，這與每日的必要活動息息相關。每個人在世間的時光都很短暫而有限，我們應該試著了解這個獨特的星球和它在宇宙中的位置。雖然不能全盤了解，但是無視追求知識的機會，就像去劇院但不看表演。這個世界充滿了悲劇和喜事，有英雄事蹟，也有光怪陸離、令人驚奇的事情。未能對這些景象產生興趣的人，等於放棄了生命所賦予的特權。

因此保持生活的平衡非常重要，也能給自己帶來慰藉。現代人太容易情緒激動或緊張，太容易被世上某個小角落發生的事情給影響，也太執著於生與死之間這短暫的光陰。在這些刺激下，我們高估自己的重要性，但這麼做其實沒什麼益處。的確，我們也許會更努力地工作，但成效不一定會變好。只付出一點努力就能得到好的結果，好過付出很多努力卻得到壞的結果，儘管宣揚吃苦耐勞的人並不這麼想。太在意自己工作的人，想法很容易就變得偏激；他只在乎一兩件有價值的事而忘記其他的事情，而為了那一兩件事情，犧牲其他所有的事情也無妨。要避免這種極端的性格，最好的辦法就是全面了解人類的生命和我們在宇宙中的位置。雖然這樣有點小題大作，但除了這一特殊用途之外，追求知識本身就是非常有價值的事情。

現代高等教育的缺點之一是太強調專門技術的培養，頭腦和心靈因此不太認識廣闊的世界。

比方說，你投入一場競選活動，殫精竭慮只為了幫自己的政黨勝出。各項工作你都做得很好，但在過程中你突然發現，只要在社會上散播仇恨、暴力和懷疑的訊息，成功的機會就會提高。舉例來說，你發現贏得選舉最好的方法是去詆毀其他政治人物。如果你只關注當下的成果，或把效率當作唯一而重要的準則，你就會採取這些不正當的手段。雖然你能贏得眼前的勝利，但是長遠來看會得到災難性的後果。

然而，如果你熟知人類的歷史，就知道我們是緩慢而不完美地從野蠻生活演化至文明世界，也了解到人類於整個宇宙的存在時間是多麼短暫。如果這些想法深深印在你的意識中，你就會發覺那場短暫的選舉並沒那麼重要，不能為了它而不擇手段，否則人類將退回到耗費千年才走出的混沌黑暗。

不但如此，即使眼前遭遇失敗，你也會覺得這只是暫時的，也更不願意採取那種可恥的手段。你會擁有某些超越當下活動的目標，它們很遙遠，而且是緩慢開展的。過程中你並不孤獨，而是屬於特定的一大群人，這些人正努力將人類這個物種帶向更高的文明層次。如果具備這種視野，不管你人生的命運如何，深刻的快樂都不會離你而去。你的生命會與各時代的偉大人物結合，個人的死亡也會變得無足輕重。

如果我有能力按自己希望的去改善現代教育，我會試圖尋找各大傳統教派的替代品（如今它們只對極少數年輕人有吸引力，而且是最不聰明、最反智的那些人）。這個替代品也許不能叫作宗教，因為它關注確定無疑的事實。我會努力使年輕人清楚地了解過去，令他們清楚地意識到，在所有的可能性中，人類的未來一定會比過去更長久，並理解到我們所居住星球有多渺小、而生命只是轉瞬即逝。

與此同時，除了舉證強調人類之卑微，我還要為年輕人具體指出人類之偉大，讓他們知道人類的價值在宇宙中是絕無僅有的。很久以前，斯賓諾莎論述過人類的侷限和自由，但他的寫作方式太複雜，導致那套思想艱澀難懂，只有哲學系的學生才能理解。然而我在這裡想要表達的想法，本質上和他沒有什麼不同。

參透過偉大靈魂奧祕的人，不管過程多麼短暫，多麼簡要，便再也不能滿足於過著心胸狹隘、自私自利的生活；他不想再擺被煩心的瑣事困擾、整天擔心命運的波折。

具有偉大靈魂的人會敞開心扉，讓宇宙每個地方的風自由吹來。他會在人類的能力範圍內，盡可能真切地理解自我、生命和世界。他會意識到人類生命的短暫和渺小，也會意識到個體心靈可以承載整個宇宙的意義。而心靈能反映出廣大世界的人，也會變得和世界一樣偉大。他掙脫枷鎖，不再害怕被自身的境況所奴役，也會體驗到一種深廣的歡樂。即使歷經世事變遷，他也會永遠保持幸福。

讓我們暫時擱置這些宏大的願景，回到休閒活動這個話題上。我還有另一種想法，來證明它對幸福非常有益。

即使是最幸運的人，也要面對艱困難解的情況。除了單身漢，很少有丈夫沒跟妻子吵過架；家長總是為了孩子生病而焦慮不已；很少有生意人不曾經歷財務危機；各行的專業人士也一定經歷過不少挫折。在這樣的時候，若能暫時離開焦慮之源，對其他事情發生興趣，就能帶來巨大的安慰。在陷入嚴重的焦慮時，他可以去下棋、讀偵探小說或觀察星象，或者會去讀讀迦勒底地區和吾珥城的挖掘報告來放鬆心情。無論他投入哪一件事，都是明智的選擇。無事可做的人就無法分散注意力，他只能任憑煩惱控制自己，而且在需要行動時又缺乏行動力。

承受某些無可補救的痛楚時，比如摯愛之人過世，這些方法也是適用的。在悲傷中久久無法自拔，對任何人都不好。悲傷無可避免，除了做好心理準備外，但還是要盡力做些事情緩解心情。有些人會試著從不幸遭遇中榨取更多痛苦，但如此多愁善感對生活無益。

有些人確實會被痛苦擊倒，但每個人都應該盡全力逃脫厄運，尋找可以轉移注意力的事，不管它們多麼無足輕重，只要不是有害或者可恥的事情就好。我指的是酗酒和吸毒，當事人做這些行為的目的（至少在當下）是為了破壞擺脫不去的想法。但這不是正確的做法，我們應該把那些想法擺到新的軌道上來，至少讓它們遠離當前的困境。但如果你平常感興趣的事情很少，而僅有的那些事又被痛苦佔領，就很難調適那些想法。

明智的做法是，日子過得快樂時多多培養興趣，就能在發生不幸時妥善應對。在心靈開拓出一塊不受侵擾的空間來存放其他情感和情緒，只要被痛苦糾纏、難以承受當下的現實時，就能找到其他寄託。

只要有足夠的生命力和熱情，在每次經歷挫折和苦難後，就會對生命和世界開啟新的興趣。如此一來，你的世界不會太狹小，以至於一遭受打擊就造成致命傷害。被失敗擊倒的次數並非是一種值得欽佩的心態證明，只能說明此人缺乏生命力，而這令人悲哀。我們所有的情感都在死神的掌握中，他可能會在任何時刻擊倒我們所愛之人。因此，必須牢記的是，我們不能只擁有狹隘的興趣，這等於把生命的全部意義和目的都交給偶然性支配。

出於上述所有原因，我們可以總結道：追求幸福的人，應該致力於在生活核心的主要興趣外，培養大量的休閒活動，這樣才是明智的。

第十六章 努力與順其自然

中庸是種乏味的教條，我記得自己年輕時是帶著憤慨的態度鄙視它，因為那時我追求的是英雄主義式的極端精神。然而，真理並不總是有趣的，而人們會相信的許多事情是因為它們看起來很有意思，但實際上卻沒什麼證據基礎。而中庸正是這樣的無趣道理，但在很多情況下卻都真實不虛。

在某些方面，我們必須保持中庸之道，比如在努力與順其自然之間尋求平衡。兩種精神當然都有極端的信奉者。順其自然是很多聖人和神祕主義者的核心思想，而努力是效能專家和「強壯基督徒」（Muscular Christianity）的信條。這兩派各自掌握一部分真理，但並非全部。在本章中，我會嘗試找出努力與順從自然之間的平衡，並從前者開始討論。

除了少數罕見情況外，幸福並不是天上掉下來的禮物，憑運氣就可以得到的。因此我才把這本書叫作《征服幸福》（編按：即原文書名 *The Conquest of Happiness*）。

這個世界有些壞事可以避免，但有些不幸難以逃離，包括病痛、內心糾結、掙扎求生、貧窮和面對敵意。無論是男人還是女人，如果想要變得幸福，都必須設法來應對生而為人不得不承受的多重厄運。

本性隨和的人如果繼承了大量財富，擁有健康體魄和簡單的愛好，也許能終其一生安樂過活，不知道痛苦為何物。一個美麗而懶散的女人，如果碰巧與有錢男人結婚、不需要辛苦操勞，而且如果她不介意婚後長胖，那也可以享受閒散安逸的生活；如果兒女乖巧又聽話就更好了，但這種情況太少見了。

大多數人都不富裕，很多人生來性格就不太好；有些人總是容易躁動，無法享受平靜和規律的生活。健康是一種福氣，誰也不能保證自己不會生病；婚姻也不見得是幸福的源泉。由於這些原因，對大多數人來說，幸福是需要努力才能達成的成就，而不是上帝的禮物。在實現這個目標的過程中，每個人內在和外在都需要付出極大努力，而前者也包括必要時得順從自然。我們先來談談外在努力。

對需要工作才能生存的人來說，努力的必要性無須多言。的確，印度的托缽僧在信徒的施捨下可毫不費力地謀生，但這並不符合西方國家的主流價值觀。這裡的氣候也不允許，所以苦行只適合在溫暖乾燥的地區。在英國的冬季，很少有人會懶到寧願在戶外閒逛，而不想進到溫暖的室內工作。因此，光是順從自然而不付出努力，是無法在西方社會中得到財富的。

對西方國家大部人來說，光是溫飽不足以幸福，他們還渴望成功。從事某些職業（比如說科學家）賺不到什麼大錢，但是仍能獲得成就感。然而在大多數的職業中，收入已經成了成功的標準。就這方面來看，順從自然是值得鼓勵的，因為在這個充滿競爭的世界中，卓越與成就只屬於少數人。

在找尋婚姻伴侶方面，努力也許是必要的，但還是要取決於具體情況。在性別比例不均的國家，比如男性少的英國和女性少的澳洲，這些族群基本上不需要努力就能如願結婚。若你屬於多數性別的族群，競爭者就會多一些。在女性比例高的環境中，女人就得花更多心思裝扮自己；看一下女性雜誌的廣告就知道。在男性佔多數的地區，他們會採取更直接的手段來求偶，比如用左輪手槍決鬥。這很正常，因為大多數男性還徘徊在文明的邊緣。如果一場瘟疫消滅了大部分的英國女性，男性轉而佔多數，不知道他們會有什麼變化——也許會回到從前對女性殷勤而英勇的模樣。

養育兒女也需要努力，這不言自明。過度順從自然，並相信所謂「靈性」價值觀的地區，往往都是嬰兒死亡率極高的國家。諸如藥物、衛生知識、消毒設備、營養飲食等措施，都有賴專家在現實環境中付出精力和智慧，人們才有辦法獲得這些工具。當然也有不少人覺得這些是空談，不認為環境汙染有多嚴重，因而導致自己的孩子也受害。

更廣泛地說，每個保有天然欲望的人，都會把某種權力當作正常且合理的目標。至於渴望什麼樣的權力，取決於我們的熱情放在哪裡。有些人渴望控制他人行動，有些人渴望控制他人思想，還有人渴望控制他人的感情。有些人想要改變現實環境，有些人想成為知識界的權威。所有公共服務的工作都包含對某種權力的渴望，除非當事人想要從腐敗中積累財富。打從心底憂國憂民的人，也會渴望擁有權力來減輕同胞的痛苦。相反地，對權力漠然的人，基本上對周圍的人同樣漠然。

因此，某種權力欲應該被視為中堅分子的必要特質，而他們能組成良好的社會。只要這種欲望不被阻擋，它自然會帶來相應的努力。從西方社會的精神來看，這種結論好像再正常不過，但現在我們也有不少人在著迷所謂的「東方智慧」，而東方人卻正在放棄它。這些人也許會懷疑我的論點，但正因如此才值得討論。

然而，順從自然在通往幸福之路上也扮演著重要角色，其程度不次於努力。聰明的人儘管不會坐以待斃去接受可避免的不幸，但也不會浪費時間和感情去應對那些無法避免的壞事。有些不幸即使可以避免，他也會聽之任之，為的是不干擾他當前要追求的重要目標。很多人都會為很小的煩心事苦悶不已或者大發雷霆，因此浪費了應該妥善使用的大量精力。況且，即使是重要的事，投入太多感情也是不明智的，因為對失敗的擔憂會不斷威脅內心的平靜。牧師和神父教我們順從上帝的旨意，即使是不能接受這套說法的人，在平時的工作和行動中也會呈現這樣的態度。事實上，工作的成效與我們投入的感情往往不成正比，有時候感情甚至成為減低效率的阻礙。正確的態度應該是盡己所能、把結果交給命運。

順從自然一般分為兩種：一種產生於絕望，一種產生於堅不可摧的希望；第一種不好，第二種很好。

遭逢重大挫敗、無法取得重要成就而放棄希望的人，也許會在絕望中學會聽之任之。他將拋棄所有認真的活動，並透過宗教話語，或者借助「冥想才是人類的終極目的」這類理論，來掩飾心中的絕望。但無論怎樣掩蓋，他都不得不接受內心的挫敗感，覺得自己一無是處，從根本上變得不再快樂。

相反地，如果順從自然是建立在堅不可摧的希望，他的所作所為就會大不相同。這種希望必然是巨大而且超過一己之私的。無論我做什麼，我都會被死亡擊敗，或者被疾病擊倒。我也許會被敵人打倒，也許會發現自己走的路並不明智，無法達成目標。凡是純粹的個人願望，總有成百上千種落空的方式，但如果它是人類宏大願景中的一部分，那麼即使挫敗降臨，也不會毫無收穫。

夢想做出偉大發現的科學家也許會失敗，或因無法承受的打擊而放棄工作。但如果他的目標是放在對科學整體發展的貢獻，而不僅是個人的成就，那麼即使失敗了，他也不會像那些自私自利的科學家那麼絕望。有些社會急需改革，但有志之士的努力都因戰爭而停擺。他們不得不意識到，自己的付出很可能這輩子也不會有結果。但只要對人類的未來繼續保持熱情，而且不在意自己是否參與其中，他們就不會徹底地感到絕望。

在以上討論的情況中，要順從自然都是很難的，但在其他情況下要隨遇而安並不難。我的意思是，次要目標可以落空，但主要目標保持成功的前景就可以了。舉例來說，一個從事重要工作的人，若因為婚姻不幸福而無法專注於當前的任務，那就是消極地順其自然。如果這份工作真的很意義，那麼他就該把生活上的插曲當作雨天一樣。他應該告訴自己，那些都是雞毛蒜皮的小事，只有愚蠢的人才會為之煩惱。

有些人甚至連瑣碎的煩惱都忍受不了，以至於放任它們佔據內心的一大片空間。他們會因為錯過火車而暴怒、因為晚餐不好吃失去理智，因為暖爐故障而感到絕望；甚至連送洗的衣服沒有準時被送回來，就發誓要報復整個洗衣業。這種人在瑣事上浪費的精力，如果加以妥善引導，就足以建立或毀滅一些帝國。明智的人不會留意到僕人沒擦的灰塵、廚師沒煮好的馬鈴薯或是清潔人員沒掃的煙灰。我不是說他們就算有時間也會置之不理，而是指他們不會對這些事投入感情；擔憂、煩惱和憤怒都是無意義的。

容易為小事煩躁的人會說自己就是無法改變，而且我也不敢肯定，如果不是消極的順從，還有什麼方法能克服那些情緒。集中注意力於宏大願望，就更能忍受個人在工作上的失敗，或者不幸婚姻帶來的苦惱，錯過火車或者丟失雨傘時也能保持耐心。如果一個人天生就是易怒的個性，那麼我不知道除了這種辦法之外，還有什麼能治癒他。

從憂慮王國脫逃出來的人，就不再那麼常惱怒，也會發現生活更加輕鬆而愉快。以前身邊的人那些讓他抓狂的怪癖，現在他只會覺得好玩。當某人第三百四十七次講述阿根廷火地島主教的逸事時，他會以記錄那些次數為樂，而不會再用自己的故事徒勞地岔開話題。趕早班車時若鞋帶斷掉，他也會專注在設法補救，反正在整個宇宙的歷史中，這個問題也沒有多嚴重。當他在求婚時被無聊的鄰居打斷，他也會試著看開一點。反正除了亞當之外，所有人都會遇到倒楣事，但即使是亞當也有自己的煩惱。

透過奇特的類比和古怪的比喻，我們就能不斷從瑣碎的壞事中尋找安慰。

我認為，每個文明人都對自己的形象都有幅畫面，當有人或事去威脅到那幅畫的完整性，他們就會被激怒。最好的治癒方法是多準備幾幅畫，最好把自己的心靈當作美術館，遇到問題時，隨機應變拿出一幅畫來展覽。最好能準備一些趣味的自畫像，畢竟一直把自己當作悲劇英雄並不明智。當然我們也無須一直扮成喜劇裡的小丑，因為這麼做更加令人討厭；聰明的做法是根據情況的不同換角色。當然，如果你可以達到忘我之境，不去扮演任何角色，那也非常好。但是，如果扮演角色已經成了你的第二天性，那麼最好去演不同的戲碼，這樣才能避免戲路太單一。

很多積極工作的人認為，就算是稍微順從自然、些許表現幽默，也會損耗他們做事的精力與達到目的的決心。在我看來，這些人的想法是錯的。不自欺欺人，不要認為這份工作太過重要或者太過輕鬆，也能完成有價值的工作。只能透過自我欺騙完成工作的人，最好在繼續下一階段的任務前，先學一學怎麼忍受真相；若要騙自己才能做事的話，那這份工作遲早會變得有害，而不是有益。就算什麼都不做，也比做有害的事情好。

世界上有用的工作，有一半是用來對抗有害工作的。花一點時間學會尊重事實並不是在浪費時間，至少你不必持續自我膨脹才有工作動力，而且不會被工作傷害。

願意正視跟自我有關的事實，也是某種順從自然的態度，儘管一開始會很痛苦，但最後能得到保護罩，免於在自欺欺人後感到失望和幻滅。從長遠來看，每天努力去相信那些日益變得不可信的事情，最令人感到疲倦和惱火。放棄這種執迷，是長久幸福必不可少的條件。

第十七章 幸福的人：付出關愛與保持對世界的興趣

很顯然，幸福部分依賴環境，部分靠我們自己去創造。在本書中，我們討論的是如何靠著自己努力去獲得幸福，最終結論是：就個人可以努力的部分來看，幸福的祕訣很簡單。

很多人認為，如果沒有宗教信仰或類似的精神依靠，就不可能獲得幸福。我想這些人中也包括我們前面提過的克魯奇先生。很多不幸福的人也這麼想，認為他們痛苦的原因非常複雜，而且牽涉到高度的知性層面。

我不相信那些問題是幸福或不幸福的真正起因，我認為它們只是症狀。照例來說，不幸福的人會有一些不幸福的信念，而幸福的人會有幸福的信念。每個人都把自己好或壞的境況歸因於信念，但其實真正的原因並不在此。

有些事物對於大部分人的幸福不可或缺，但都是很簡單的東西：食物、住處、健康、愛、成功的工作和周圍人的尊重。對有些人來說，為人父母也非常重要。如果缺少這些因素，只有極少數人有辦法感到幸福。但如果這些條件都具備，或在做出適當的努力後還是感到不快樂，那他就是在忍受心理失衡的問題，如果非常嚴重的話，就要求助於精神科醫師。但在一般情況下，只要所作所為得當，人是可以自我療癒的。外在環境如果不是糟糕透頂，人就有能力實現幸福，但其熱情和感興趣的對象都應該朝外，而不是向內。因此，不管是在教育還是適應世界的過程中，我們都該努力減低自我中心式的強烈情感，並獲得更廣的情感和興趣，以免思緒永遠集中於自身。

人在監獄中是很難快樂的，而把一切阻隔在外的情感是世間最可怕的監獄。這類情感中最常見的是恐懼、嫉妒、罪惡感、自怨自艾和孤芳自賞。在其中，我們喪失了對外部世界的興趣，只想做跟自己有關的事情；我們只擔心世界以某種方式傷害我們，或者不肯餵養我們的自我。

人之所以不願意面對事實、急於把自己裹在虛幻的溫暖外衣中，首要原因就是恐懼。但是荊棘會刺穿外衣，冷風也會從外面吹進來，因此慣於依賴這種溫暖的人會承受許多痛苦；還不如從一開始就硬著頭皮面對一切、對現實的殘酷習以為常。

自我欺騙的人內心深處大多也知道真相，但他們生活在恐懼中，只怕發生壞事迫使他們正視不想面對的現實。

自我中心式的強烈情感無法為人生帶來多樣的變化。只愛自己的人的確不會有花心濫情的問題，但他所愛的對象太單一了，人生註定會因為難以忍受的乏味而痛苦不堪。忍受罪惡感的人，實際上是在享受一種特殊的自戀感。對這種人來說，在廣袤的宇宙中，最重要的事就是成為道德上的聖人。許多傳統宗教都鼓吹這種自我沉溺的信念，反而造成許多問題。

幸福的人都能客觀地看待生活，情感自由又興趣廣泛。他們透過這些方式得到快樂，也樂於把自己變為令人感興趣和喜歡的對象。被愛的感覺是幸福的重要來源，但是索求愛的人往往無法如願。廣義來說，被愛的人其實是那些給予愛的人。正如為了利息才借錢給別人，出於算計而付出愛是沒有意義的，那樣的愛並不真實，接受者也不覺得自己真的被愛。

囚禁在自我牢籠中而不幸福的人，有能力做什麼呢？只要他繼續思忖自己不幸福的原因，就會繼續保持自我中心。如果想擺脫這個惡性循環，他就必須有實實在在的興趣，而不是勉強找個嗜好當成特效藥。

這的確是個難題，但只要找到煩惱的真正原因，就還是有很多可以補救的方法。比方說，如果問題的根源是表面或深層的罪惡感，那他可以在意識層面說服先自己，他的罪惡沒有任何理性依據，然後進一步透過我們之前說過的技巧，在無意識層面種下理性的信念，接著投入一些比較中性的活動。成功地驅除罪惡感後，那麼對外界的客觀興趣就能隨之產生。如果他的煩惱是自憐，也一樣要先說服自己，當下的境況中沒有任何超級悲慘的事。如果他的煩惱是恐懼，那就先做些能培養勇氣的活動。自古以來，戰場上的勇氣是非常重要的美德，男性從小所受的教育很大一部分是用來培養無所畏懼的戰鬥性格。但道德勇氣與知性勇氣人們研究得非常少，其實它們也有特定的方法可以培養。

每天向自己承認至少一個痛苦的事實，久而久之，你會發現這和童子軍的日行一善同樣有用。試著去感覺生活，哪怕你的道德和智力不如你以為的那麼崇高而過人，日子也一樣值得過下去。練習幾年後，你一定能毫不膽怯地面對事實，進而在很多領域逃離恐懼帝國的魔掌。

克服了自我沉溺的頑疾之後，會產生出什麼樣的客觀興趣，就順其自然地取決於本性以及外在環境。不要提前對自己說：「沉浸在郵票中應該會很幸福。」然後開始著手集郵，因為到頭來，你可能發現這種活動一點意思也沒有。只有真正讓你感興趣的東西才對你有用，但是請確信，只要學會了不再自我沉溺，真正的興趣就會隨之而來。

幸福生活在許多層面上都和美好的生活一樣。因此衛道人士和宗教領袖都搞錯重點，鼓吹太多自我否定的方法。有意識的自我否定會讓人自我沉溺，還不斷意識到到自己犧牲了多少。當事人最後既沒有實現眼前的目標，又沒達成最後的目的。

我們需要的不是自我否定，而是對外界的興趣，並藉此自然而然地引導自己活出美好的人生。而刻意自我否定、一心只想培養自身美德的人，並不會過得更幸福。

我以享樂主義者的角度寫了這本書，也就是說，我把快樂看作一種美好的事。而我所提倡的行為，大體上跟理性的道德人士提倡的差不多。然而他們太強調行為了，而不是心態。事實上，當事人的行為效力取決於當下的心態。看到小孩溺水時馬上憑著助人的本能去救他，那你至少不是一個壞人。但如果你在救人前先對自己說：「救助弱小是美德，我希望做一個有道德的人，因此我得去救這個孩子。」那麼在救起孩子後，你反而會變成更差勁的人。這個極端例子所呈現的道理，也適用於許多日常事件中。

我所提倡的生活態度，跟傳統道德家的理念有些微的區別。他們說愛應該是無私的。這是多少是對的，愛不能自私到沒有底線，但無疑地，就本質上來看，幸福又取決於愛的成功。若某位男士在求婚時說，自己想給對方全部的幸福，而他因此也能展現犧牲奉獻的情操——我想那位女士聽了應該不會開心。毋庸置疑，我們當然希望所愛之人幸福，但這不應該用來取代自身的幸福。

事實上，只要對自身之外的人事物產生真正的興趣，自我和世界的對立都會煙消雲散。如此一來，我們會覺得自己是生命洪流中的一部分，而不是像撞球那樣堅硬而獨立；它除了碰撞之外，與其他實體沒有任何關係。

人生所有的不幸都源於心靈的解體和缺乏整合，前者是意識和無意識無法交互作用，後者是自我和社會之間沒有以客觀興趣和情感產生連結。

幸福的人沒有這些問題，他們既不自我矛盾，也不與世界對抗。他們覺得自己是宇宙的居民，自由地享受世界的壯麗與它提供的愉悅。他們不被死亡的念頭所干擾，因為他們覺得自己與後繼者並沒有真正的分離。他們本能地從內心與生命洪流融合，並獲得最極致的喜悅。

譯後記

伯特蘭・羅素，一八七二年五月十八日生於英國威爾斯，一九七〇年二月二日逝世，是羅素家族的第三代勳爵。羅素家族是官宦世家，祖父約翰・羅素曾經在一八四〇年代兩次出任英國首相，是輝格黨以及自由黨的重要政治家。

雖然出生在衣食無憂的家庭，年少時期的羅素卻並非一帆風順。他的母親和父親分別在其兩歲和四歲時逝世，因此他從小由祖父母撫養長大。但是不幸的童年有時會造就早慧的天才。一八九〇年羅素進入劍橋大學三一學院，從此開始其傳奇的學術生涯。一九一〇年，年僅三十八歲的羅素就與他的老師懷德海合著出版了三卷本的《數學原理》，這本書被認為是二十世紀最重要的數學邏輯學著作。

除了在數學方面有里程碑式的貢獻，羅素在倫理學、神學、心理學、物理學、生物學等方面都有不同建樹。因其「多樣且重要的作品，對人道主義理想和思想自由持續不斷地追求」，羅素於一九五〇年獲得諾貝爾文學獎。除了東方讀者熟知的《西方哲學史》和《中國問題》等著作外，首次出版於一九三〇年的《羅素的幸福哲學》至今仍然廣受讀者青睞，並且經常被文藝青年們引用。這本書流行的原因，我想除了「幸福」主題，以及書名的中譯吸引人之外，更多是其「大師寫小書」的寫作模式。在這本書裡，羅素以隨筆的形式表達了對現代社會中個體生活如何變得幸福的看法。

從寫作風格來看，本書的文字機智幽默，同時輕盈溫和，雖然偶爾有佶屈聱牙的嫌疑——這可能是不少哲學家的有趣習慣——但是整體上可讀性非常強，能與蒙田或者愛默生的散文相提並論。然而，這種溫和的語言風格並不意味著羅素在諸多議題上觀點保守。

與二十世紀初多數現代主義者一樣，羅素也渴望「新」與「變化」的元素，對傳統宗教和社會倫理有相當強烈的不滿。在本書前半部分，羅素主要討論了現代社會中人的各種不良欲望和情感（比如恐懼和對權力的欲望），以及舊有的教育、思想、習俗等對人的規訓。

值得一提的是，在本書中，我們可以較清晰地看出羅素對於當時正盛的精神分析學說的了解。他的很多分析都是佛洛依德式的，他認為人的行為方式主要受欲望的影響，而個人的欲望則受到傳統與現代社會的雙向制約。但是作為邏輯學家，羅素還是與佛洛依德有本質的不同。佛洛依德是用欲望的人取代了傳統哲學中理性的人的地位，質疑人作為理性主體的可能性。羅素接受了佛洛依德的部分觀點，但仍然呼籲人回歸理性主體。

「回歸理性主體」是說，作為獨立並且具有思辨能力的現代個體，人應該努力辨別好的欲望和壞的欲望，並盡力擺脫不良欲望對人的束縛。欲望當然有先天的成分，但羅素更傾向於認為很多不良欲望都源於傳統和現實施加於人的潛移默化的影響。因此，他雖然承認欲望在建構人格的過程中扮演重要角色，但是認為人需要重新審視自身與傳統的關係，恢復被傳統道德和宗教迷思遮蔽的理性。在這裡，羅素的觀點多少有點柏拉圖的意味，認為好的生活與理性的生活密不可分。但是羅素提出的理性概念更富有質疑和挑戰精神，與其說是為了人對健康欲望和美好生活的追求，不如說是作為現代人個性解放的思想武器。

當你覺得自己不幸福時怎麼辦？

要回歸理性生活，就要理解傳統對個人生活的限制表現在哪些方面。首先是宗教。羅素認為傳統宗教對人的控制限制了人對自我的愛、尊重與重新發現。這種限制恰恰表現在它的反面：正是由於傳統中包含著一種危險的力量，人過於重視自我、自身道德和內心世界，從而產生負面的情感，例如嫉妒、虛榮、恐懼和罪惡感等，才致使生活不幸福。羅素試圖論證的是，現代人生活的不幸常常並非精神或心理上的疾病導致的，也不完全是現代社會的競爭、騷亂和虞詐促成的，而主要來源於傳統影響下人的自我沉溺。

舉例來說，時常懷有清教徒式的罪惡感是一種自我沉溺，社會對兒童和女性的規訓——比如教育兒童應該做什麼，不應該做什麼，或者教育女人在公共場合保持克制和矜持——也是自我沉溺的來源。原因是它們都不同程度地限制了個體的精神自由，導致一個人太過於關注自身形象和行為尺度。這種向內關注的代價，是人往往變得以自我為中心，自私冷漠，對美好事物變得麻木，而忽略了客觀世界的廣闊和豐富，以及生活中蘊含的真正樂趣。

傳統對現代人道德和個性的限制和異化，是羅素心目中人們不幸福的根本原因之一。這種限制，一方面讓人喪失對生活中樂趣的把握——即喪失熱忱，另一方面也會讓人感覺自己不再被愛。

對於前者，羅素認為，可能的解決方法是儘量減少不必要的思考，向外尋求真正令自己感興趣的人或事物，比如看書和收集郵票等。羅素強調，能引起正面刺激的興趣愛好應該是次要的，而不是一個人生活賴以建立的主要興趣。次要興趣是為了讓現代個體得以放鬆緊張情緒，因為「身心若越來越疲憊，我們對外界的興趣就會逐漸衰減，接著失去它們帶給自己的慰藉，從而變得更加疲憊。這種惡性循環很容易讓人精神崩潰」（本書第十五章）。在這裡羅素區分了好的興奮與不好的興奮。所謂好的興奮，即類似於閱讀有價值的書籍，可以使人的精神狀態在穩定中獲得自由，並且進入某種心靈深度；不好的興奮，就像去夜店，只能作為一種疲憊時的暫時放鬆，但是隨之而來的則是更強烈的身體疲勞與心理空虛，會加劇精神疲憊，形成惡性循環。

對於後者，羅素認為愛的能力是衡量一個人幸福與否的主要尺度之一。傳統的規訓容易使人自我中心化，也相應地會使他只愛自己。但是真正的愛是相互的。幸福的人不僅會收穫他人的愛，而且有能力給予愛。只愛自己的人很難收穫他人真正的愛。那麼怎樣才能擁有互惠的愛呢？羅素仍然建議，一個人應該從對自我不幸原因的糾結和沉思中走出來，在客觀世界中培養自己對生活的熱愛。有能力發現生活之美的人，能透過正面的樂趣和情感保證自己的快樂，「也樂於把自己變為令人感興趣和喜歡的對象」（本書第十七章）。羅素認為，這種愛的關係應該是純粹的，一個人不應該透過算計來愛別人，即不能為了獲得他人的愛，或者其他可能的利益，而給予別人愛。真正的愛應該發自內心，建立在平等關係中。強調愛的平等關係，是羅素與傳統衛道人士們在此問題上的區別之一。

傳統衛道人士認為愛應該是高尚無私的，但羅素認為愛也應該有一個限度，不應該以犧牲自我為代價——「毋庸置疑，我們當然希望所愛之人幸福，但這不應該用來取代自身的幸福」（本書第十七章）。無論是在家庭生活還是在社會生活中，羅素認為這種犧牲精神都不可取——當然，為了人類的某些偉大崇高的事業犧牲除外。

如果一個母親是因為自己的不幸，才更加重視孩子的幸福，那麼這種愛包含的可能更多是佔有欲。她希望孩子成為自己幸福的替代品，以自己的標準為孩子的安全、幸福、快樂著想，但是這樣就把孩子囚禁在了自己的掌控中，導致親子關係不平等。結果孩子往往不僅不會感恩，還會因為這種壓力過度的愛產生叛逆心理。

同理，集體的社會生活也不應該以愛或保護的名義，把集體意志強加在個人之上，而個人也沒有理由為了某些非理性的集體意志犧牲自己的幸福。人與人的關係只有基於平等原則的愛，而不是為了控制的愛，才可能是互惠的，而也只有互惠的愛才能是平等的愛。

總是想得太多？不如行動起來！

當一個人愛另一個人，必須透過愛的給予來讓自己獲得幸福。這種對人際關係的理解，某種程度上類似中國儒家講的「己所不欲，勿施於人」的平等之道。

事實上，本書的很多章節中，作者的觀點也都跟中國傳統哲學有異曲同工之妙。比如在第十六章中，作者談到「努力」與「順從自然」的中庸之道。中庸，這裡的英文原文是golden mean，一方面當然直接意指亞里斯多德的中道概念；另一方面，在羅素筆下，也頗具中國傳統文化中「捨」與「得」的辯證關係的意味。

「順從自然」指的不僅是在追求某件事卻遲遲不能成功時全身而退的智慧，也指卸下無謂的煩惱和負擔，不要為瑣碎之事斤斤計較。「努力」不僅指工作和事業上的堅持，也指心中要盡可能抱有宏大的關切和崇高的理想，為了值得的事付出精力和才華。

更重要的是，一個人應該捨棄虛無縹緲的虛榮、自我幻想和自欺欺人，在工作和生活中努力承認關於自我的事實。在某種程度上，這種看法回應了道家講的無為和有為。無為，並不是什麼都不做，而是道法自然，不急功近利，這樣才能去除虛幻與遮蔽。羅素在本書中反覆強調的一點是，現代人類的不幸總與自欺緊密關聯，無論是宗教上的自我麻痺，還是感情中的自我懷疑，或是成長中的自我限制，這些都應該適當捨棄。

如果被這類自欺糾纏，當然不會快樂。在論述一個人為什麼不快樂時，羅素經常拿文學家和科學家舉例。他認為文學家，或者一般意義上的人文知識分子，多懷有現代式的憂鬱。很多人都受過良好的文學教育，但是他們對現代世界一無所知。原因在於「他們都在年輕的時候把信仰建立在情感的基礎上，所以無法從那種對安全和保護的幼稚渴望中解脫出來」，並且他們的生命與更廣闊的集體生活缺乏「富有生命力的連結」（本書第二章）。但是科學家卻不如此。他們的信仰建立在理性的基礎上，他們研究的對象就是生機勃勃的客觀世界。

羅素還觀察到，人文知識分子在面對日常生活和婚姻時經常感到悲觀，容易為其中的瑣事煩惱，但是科學家們卻能保持樂觀，因為他們的智力已經被那些具有真正強度的工作佔據，無心再在雞毛蒜皮的小事上浪費精力。另外，羅素還認為，文藝工作者們容易有懷才不遇之感，常常不能順心自由地工作，這也會導致他們感到沮喪。

那麼從事文藝工作的人，怎樣才能做到快樂呢？羅素給出的答案中最有啟發性的，依然是拒絕自我沉溺，向更廣闊的世界敞開自己，減少思考而增加行動。羅素本人就是這方面的典範，他並不是傳統意義上的書齋學者，而是始終不忘投身於更廣闊的外部世界。四十八歲時，他曾經遠赴中國講學，在北京大學擔任訪問講師；四十九歲時，他也曾經因為參與反戰運動而被劍橋大學開除，甚至被判刑入獄。

在翻譯的過程中我時常會想，羅素在數學和哲學上的專業造詣，必然與他對現實生活中的教育、政治、倫理甚至草木鳥獸等方面的廣泛興趣緊密相關，而我也希望將羅素這種廣博的興趣和豁達自由的人格氣質展現給讀者。

機緣巧合的是，這個夏天我從牛津搬到劍橋大學彭布羅克學院過暑假，因此這本書的大部分翻譯都是在劍橋完成的。在我即將結束這篇導言時，我在劍橋短暫的假期也快結束了。希望這個譯本能不負羅素先生原著的風采，並為這次在劍橋的神奇「相遇」畫上一個圓滿的句號。

二〇二二年八月十九日
於劍橋大學彭布羅克學院圖書館

附錄　諾貝爾文學獎領獎演說——什麼樣的欲望在政治上是重要的？

尊敬的殿下，女士們、先生們：

今夜的演講會選擇這個主題，是因為我覺得時下流行的政治討論與理論並沒有包含心理方面的因素。經濟要素、人口統計、立憲機構等，這些都能被細緻地闡述出來。我們不費吹灰之力就能查明，韓戰爆發時兩國各有多少人口，甚至能確定他們的平均收入和軍隊規模。但是如果你想知道南北韓的人之間有什麼差異；他們各自在生活中有什麼需求、不滿、願景和恐懼；簡言之，如果你想知道他們生活的動機，就算翻遍這些書也是徒勞。

因此你無法得知南韓人民是否對聯合國感興趣，或者他們是否想與北方的兄弟聯合。你也無法猜測北韓人是否願意放棄土地改革，以換取那些他們從未聽說過的投票權。這些問題都被那些身居高位的大人物們忽視了。如果想要政治變得科學，如果不想越戰繼續下去，政治思考就要更加深入到人類的行為動機中。饑餓對政治口號的影響是什麼？這些口號的有效性是否隨著你食物中的卡路里含量而變化？如果一個人給你民主，而另一個人給你一袋糧食，那麼你在餓到哪個程度時會更想要糧食？這些問題我們思考得太少了。不過，現在讓我們暫且忘記韓國，思考一下人類整體。

人類的所有活動都被欲望驅動。某些熱情的衛道人士編造出一種荒謬的理論，認為人類為了責任與道德原則能夠抵抗欲望。這種理論之所以荒謬，不是因為沒有人以責任感行事，而是因為責任或義務對一個人要有效，前提是這個人本身有承擔責任的欲望。如果你想知道某些人會做什麼，你不僅必須了解他們的物質條件，還必須了解他們的欲望系統以及當中欲望的比例。

有些欲望儘管十分強大，但是通常並不具有政治層面的重要性。大多數男人在生命中的某個時刻都想結婚，理論上他們不需要從事任何政治行動就可以滿足這種欲望。當然，有一些例外，比如羅馬人劫持薩賓婦女。另外，澳洲北部的發展受阻，是因為該去工作的年輕男性不想與女性群體完全分離。但這種例子都是不常見的，一般來說，男女相互之間的興趣對政治的影響微不足道。

政治上重要的欲望，也許應該分為首要和次要的。第一組欲望來自生命的基本需求：食物、住處和衣服。當這些事物變得稀少時，人就會不惜一切代價獲得它們，甚至用上無限制的暴力。據研究人類早期歷史的學生們說，在歷史上有四個不同的時期，乾旱都導致阿拉伯人口外流入周邊地區，並給當地帶來政治、文化和宗教上的深遠影響。這四個時期中的最後一個，是伊斯蘭教的崛起。毫無疑問，對食物的欲望始終都是重大政治事件的主要動因。

但是人與動物有一個重要的不同之處，即他有某些欲望是無窮無盡的，這會讓他即使在天堂也不得安寧。蟒蛇吃飽了就去睡覺，除非想吃下一頓，不然絕不會醒來。而絕大部分人類並不如此。當習慣生活節儉、靠吃棗子過活的阿拉伯人獲得了東羅馬帝國的財富，並且居住在奢侈得難以置信的宮殿裡時，他們並沒有變得懶散。饑餓不再是行為動機，因為只要一點頭，希臘奴隸們就會奉上精緻的佳餚。驅動他們的是其他欲望，我們可以給其中主要的四種貼上標籤：佔有欲、競爭意識、虛榮和對權力的熱愛。

佔有欲在我看來是結合了恐懼與對必需品的欲望。我結識過兩個從愛沙尼亞來的小女孩，她們從大饑荒中逃過一劫。她們住在我家裡，自然有很多食物可吃。但她們在閒暇時都去鄰居的農場偷馬鈴薯，然後把它們儲藏起來。洛克菲勒在童年時非常窮困，所以成年後也以小氣的方式生活。與此類似，阿拉伯的酋長們在他們絲綢鋪就的拜占庭會議室裡，還是忘不了沙漠，儲藏著遠超過實際需求的財富。但無論佔有欲在精神分析上有什麼意義，沒有人可以否認這是人類行動的重要動機，尤其是對於權力很大的人。它是一種沒有止境的動力；你永遠都會想得到更多，滿足感是一個永遠無法實現的夢想。

儘管佔有欲是資本主義社會的主要動力，但它絕不是人戰勝饑餓後擁有的最大動力，更強大的是競爭意識。伊斯蘭的歷史一再表明，王朝會走向末路，是因為出身不同的王子們無法達成一致，從而導致內戰，造成廣泛的破壞。現代歐洲也在發生類似的事。英國政府非常不明智地允許德國皇帝出席斯皮特黑德（Spithead）海峽的海軍演習，這位皇帝的想法與我們預想的並不一樣。他想的是：「我必須擁有一支強大的海軍，就和外祖母有的一樣。」這種想法造成了後來的一切動亂。如果佔有欲總比競爭欲更強，那麼世界將會變得更美好。但事實上，對很多人來說，若能完全毀滅對手，即使面對貧窮也甘之如飴。因此我們才有當前的稅制。

虛榮也是威力巨大的動機。和兒童打過交道的人知道，他們常常故意作怪以吸引眾人的目光。「看看我」是人類最根本的欲望。它可以有無數種形式，從搞笑到追求身後的名聲。從前有個義大利王子在臨死前找來神父，後者問他是否有什麼事需要懺悔。「是的，」他回答：「有一次皇帝和教皇同時來拜訪我。我帶他們到塔頂一覽風景，當時我錯過了把他們倆都扔下去的機會。這本來能帶給我不朽的名聲。」歷史沒有記載神父是否原諒了他。

虛榮的缺點在於它會隨著他人的餵養而增長。被人討論得越多，就越想被人討論。死刑犯若能在報紙上看到自己的審判報導，就會對篇幅少的報社非常不滿。政治家和文學家同理，越是有名，剪報處就越難以滿足他們。虛榮心對人類生活的影響無論怎樣強調都不誇張，無論是三歲小孩還是皺皺眉頭就能令世界顫抖的君主，都不能倖免。人類甚至不敬地認為神明也有這種欲望，因為祂們也渴望得到不斷的讚美。

這些動機雖然影響力巨大，但是還有一種動機，威力超過了它們所有。我指的是對權力的熱愛。它和虛榮很像。但虛榮用以滿足自身的是榮譽，而這不透過權力也很容易實現。在美國，享受最多榮譽的是電影明星，但他們很容易被非美活動調查委員會（The House Un-American Activities Committee）打回原形，而後者並不享有任何榮譽。在英國，國王比首相擁有更多榮譽，但是首相卻比國王擁有更多權力。很多人熱愛榮譽勝過權力，但是整體上來看，他們的影響力沒有熱愛權力的人大。

一八一四年，布呂歇爾元帥看見拿破崙的宮殿時說：「他擁有這一切，竟然還要去攻打莫斯科，真是個蠢貨！」拿破崙當然不是沒有虛榮心，但當不得不做出選擇時，他還是會選擇權力。對布呂歇爾來說，這個選擇看上去很愚蠢。權力欲和虛榮一樣，是永遠無法滿足的，權力欲是精力充沛之人的惡習，對他們來說，這種欲望的正面功效與其發生頻率完全不成正比。實際上，權力欲是偉大人物生命中最強烈的動機。

對權力的愛會隨著擁有權力的體驗而劇烈增加，從微不足道的發號施令到君主的統治權都是如此。在一九一四年以前的幸福時光裡，富人階層的女性可以擁有大量僕人，家務方面的權力給她們帶來的快樂會隨著時間增長。同樣地，在獨裁制度下，掌權者都會因為權力帶來的快樂而變得越來越暴戾。由於至高的權力是體現在迫使他人去做不願意做的事，被權力欲驅動的人更傾向於使人痛苦而不是使人快樂。如果你跟老闆說想請假，那麼他會透過拒絕你（而不是同意）而獲得更多滿足感。如果你申請建築許可，那麼政府小官員也會透過對你說「不」來獲得更多快樂。正是諸如此類事情，讓權力欲成為危險的動機。

但是權力欲也有一些可取之處。我認為，對知識的追求主要也由權力欲驅動，科技領域的進步也是如此。在政治上，改革者對權力的愛也可能會與獨裁者一樣強烈。籠統地否定權力欲是錯誤的。至於當事人會走向有價值的行動還是危險的行動，取決於他所在的社會體系以及其自身的能力。如果你的能力是理論方面或技術方面的，你就會對相關的領域做出貢獻，一般來說，這樣的行為就是有價值的。

如果你是政治家，也會被權力欲驅動，促使你去實現一些願景，而非維持現狀。一位偉大的將軍，比如雅典的亞西比得（Alcibiades），也許對自己為哪一方戰鬥並不關心，但是大多數將領更想為祖國而戰，因此這些人除去權力欲外，還有別的動機存在。有的政治家會頻繁變更陣營，確保自己永遠處於多數人的一方，但是大多數政治家都熱愛自己的政黨，並把權力欲擺在第二。

對權力的純粹熱愛，在很多不同類型的人身上都可以見到。一種人是傭兵，拿破崙就是個好例子。我認為他對科西嘉和法國沒有意識形態上的偏好，但他如果成了前者的皇帝，成就便不如假裝成法國人那麼高。

即便如此，這種人仍然不是最純粹的權力狂，因為他們也從虛榮中獲得了巨大滿足。最純粹的是那些灰衣主教——他們是王座背後的力量，從未在公開場合露面，僅僅憑一個隱祕的念頭就可以安慰自己：「這些小木偶怎麼會知道誰在操控他們呢？」馮·霍爾斯坦（Friedrich von Holstein）在一八九〇年到一九〇六年之間操控著德意志帝國的外交政策，把此類人演繹到了極致。他住在貧民窟裡，從未在社會上露面；他避免與皇帝見面，除了有一次皇帝主動要求相見，他無法拒絕。但他以沒有禮服為由，拒絕了所有宮廷活動的邀請。他掌握了足以要脅財政大臣和許多皇親國戚的祕密。他利用這樣的力量，不是為了獲得財富、榮譽或者任何顯而易見的利益，而僅僅是迫使他們採納自己的外交政策。在東方，相似的角色在宦官中並不少見。

現在我要談論一些其他動機。儘管在一定程度上，它們沒有我們已經討論過的那些動機重要，但是仍然不可忽視。第一種就是對刺激的熱愛。人類之於動物的優越性之一，體現在他們有無聊這種心情。儘管根據我對動物園裡猿猴的觀察，我有時覺得牠們也有厭煩無聊的心情。不管這種情緒是什麼，經驗告訴我們，逃避無聊是所有人類共有的強大欲望。

當白人第一次與原始的野蠻人接觸時，他們給後者提供各種好東西，從福音書到南瓜派。然而，我們也許會很遺憾，因為大部分野蠻人接受這些東西的時候是十分冷漠的。在我們帶給他們的禮物中，他們真正珍視的是美酒，他們因此在生命中第一次擁有短暫的幻覺，認為活著比死了更好。印第安人還沒有被白人影響時，會抽他們的煙管，但不是平靜地享受，而是會變得極度狂歡、興奮過度以至於昏迷。尼古丁帶來的興奮褪去時，愛國演說家會鼓動他們去攻擊臨近的部落，這種樂趣和我們從賽馬或者大選中獲得的享受別無二致。

賭博帶來的愉悅完全是刺激。胡克先生描述過冬天長城上的中國商販，他們不停賭博，直到輸光現金，然後輸光所有商品，最後輸光衣服，赤裸著在嚴寒中凍死。正如早期的印第安部落，我覺得對於文明人來說，主要是因為對刺激的喜愛，民眾才會在戰爭爆發時鼓掌，那種情感正如觀看足球比賽的激情一樣，儘管戰爭的結果比較嚴重。

找出人們喜歡刺激的原因並不容易。我認為現代人的精神結構還停留在狩獵時代。設想一個人花費一整天，帶著對晚飯的期望，憑藉非常原始的武器追獵一頭鹿。當暮色降臨時，他拖著獵物凱旋，回到洞穴，帶著疲倦滿足地躺下，而他的妻子開始準備烹飪。他很困倦，骨頭酸痛，飯菜的氣味充滿了他意識的每個角落。最後，吃完晚餐，他沉沉地進入夢鄉。

在這種生活中，人既沒有時間也沒有精力感到無聊。但人開始從事農業後，便讓妻子去做繁重農活，他就有了時間反思人類生活的空虛感，然後去創造神話和哲學體系，並且夢想著要永遠在瓦爾哈拉神殿中狩獵野豬。

我們的精神結構是配合體力勞動的生活。我年輕時很喜歡徒步漫遊，一天可以走四十公里，晚上不需要借助任何事物排解無聊，因為光是坐下來就覺得很快樂了。但是現代生活不是建立在這些耗費體力的行為。很多工作都是久坐不動的，大多數的勞動工作也只需要用到特定幾塊肌肉。如果人們一天走四十公里，就不會在特拉法加廣場聚集，為政府決定讓民眾送死的聲明歡呼。然而，治癒好戰心理是不切實際的，如果人類要能長久延續下去（也許這也不是什麼好事），就必須找到其他途徑，以確保剩餘的精力能安全地發洩，以避免不斷去尋求刺激。

這個問題人們考慮得太少了，不管是社會改革者還是衛道人士；前者認為有更重要的事情要處理，而後者則誇大合法娛樂的嚴重性，在他們心中，舞廳、電影院、爵士酒吧都是通往地獄的驛站，所以最好坐在家裡反思罪過。

我無法贊同這些人的警告。魔鬼有很多種模樣，有些是為了欺騙年輕人，有些是為了欺騙年長者和嚴肅的人。既然魔鬼會誘惑年輕人去享樂，那也有可能說服年長者去譴責年輕人。搞不好譴責就是一種適合年長者的享樂，而且就像毒品一樣，必須加大劑量來產生效果。因此在譴責完電影院後，他們繼續接著譴責仇視的黨派、義大利佬、非裔移民和亞洲移民。反正對象不會是自己，而戰爭正是從這種譴責開始的。我從沒有聽說過戰爭會從舞廳裡發起。

各種刺激都會產生破壞力。無法抵抗酒精和賭博誘惑的人會身受其害。刺激會引起群體暴力，尤其是毀滅性的戰爭。人類對刺激的需求是如此深刻，如果沒有安全發洩管道的話，就會去做危險的行為。體育活動是無害的發洩管道，合法的政治活動也是。但是這些還不夠，畢竟最令人興奮的政治活動都是破壞力最強的。文明生活太過乏味，如果要滿足刺激感，我們就必須提供一些無害的管道，正如遠古祖先在狩獵中得到發洩與滿足感。

澳洲人口稀少但是野兔眾多，我曾經看過很多人用原始的方式屠殺成百上千隻野兔，來滿足他們的原始衝動。但在倫敦或紐約，我們必須尋找其他可以滿足衝動的手段。

我認為每個大城市都應該建立人工瀑布，以供人們乘坐脆弱的獨木舟順流而下，還應該建造滿是機器鯊魚的游泳池。任何支持預防性戰爭的人，都應該每天被罰兩小時去和這些怪物相處。但認真地說，我們應該用有建設性的方法來獲得興奮感。事實上，發現新科學或發明新科技的瞬間最令人感到興奮，而且能體驗到這些時刻的人其實遠比我們想像的還多。

與其他政治動機交織在一起的，還有兩種緊密相關的欲望，可惜人類總是放不掉：恐懼和仇恨。仇恨我們恐懼的事物是很正常的，反之亦然。原始人會恐懼和仇恨他們不熟悉的對象。在自己的部落中，所有人都是朋友，而其他部落都是敵人。所以一個原始人落單或走失就會被殺死。一個部落會根據情況閃避或者攻擊外來部落，今天我們對外國民族的本能反應還是如此。

但是出國旅行過的人，或者研究過國際政治的人，都知道自己族群若想要繁榮茁壯，就必須與其他族群聯合。當英國人聽到「法國人是你們的兄弟」時，第一反應會是「胡說八道，他們說的是法語，還會吃青蛙」。如果我們不得不抵抗俄國人，那就會樂於接受「法國人是我們的兄弟」。如果接下來有人要說服我們俄羅斯人也是兄弟時，就得證明地球有被火星人攻擊的危險。敵人的敵人就是朋友，但如果沒有敵人，我們能愛的人將所剩無幾。

剛才說的問題都是涉及到其他民族才會出現。你也可以把泥土當成敵人，因為它產出的糧食少得可憐，你可以把大自然母親當成敵人，以對抗天災。以這種方式看待世界，人類會更容易互相合作。如果學校、報紙和政治家們一起努力，我們就能形成這種世界觀。但是學校都在宣揚愛國主義，報紙致力於煽動情緒，政治家們致力於贏得選舉。因此，這三種力量對和平沒有貢獻，無法把人類從互相殘殺中拯救出來。

有兩種面對恐懼的方法：一種是減少外在的危險，另一種是培養苦修式的忍耐力，也就是從恐懼的源頭轉移注意力。克服恐懼是很重要的，因為它有侵入性，很輕易地會成為癮頭，讓人們仇恨所恐懼的事物。安全感帶來的正面影響力最大。若能建立起能消滅恐懼和戰爭的國際秩序，那麼每個人的日常生活和心理都會得到巨大改善。

雖然看來我只討論了負面動機，但畢竟它們比利他動機更強大。當然利他的動機是存在的，在某些時候也有影響力。在十九世紀早期，英國非常痛恨奴隸制，這是出於利他的動機，也有實際的行動。一八三三年，英國納稅人就補償了牙買加地主數以百萬的財富，以解放他們的奴隸。英國政府在維也納會議上也做出重要讓步，以引導其他國家廢除奴隸賣賣。今天美國同樣做出了很多非凡的舉動。

我們沒有理由懷疑同情心是真誠的動機，而有些人確實會因為他人的不幸而感到痛苦。在過去的一百年中，同情心促進了很多人道主義方面的進步。聽說精神病人被虐待時，我們感到非常震驚，因此現在有了符合人道精神的精神病院。在西方國家，囚犯不會再被折磨，就算有，也會有人替他們爭取權益。英國人不贊成《孤雛淚》中孤兒被對待的方式；新教徒國家也不支持殘忍虐待動物的行為。這些同情心在政治上都能發揮作用，如果能消除對戰爭的恐懼，它的作用會更大。為了實現人類更好的未來，也許我們該找方法來全面提升同情心的強度和範圍。

是時候總結我們的討論了。政治關乎的是群體，而不是個體。因此對政治來說，重要的欲望是群體中的不同成員都能感受到的。建造政治大廈所需要的本能機制，既包括成員的合作，也包括調適對其他群體的敵意。合作永遠不會完美，總會有人不服從、不合群。他們是傻瓜、罪犯、先知和探索者。而一個傑出的群體能學會吸納這些超出正常標準的怪人，並寬容地那些低於正常標準的人。

在群體關係的問題上，現代技術已導致個人利益與本能之間的衝突。在過去，兩個部落交戰時，打贏的一方會消滅對方，併吞它的領土。從勝利者的角度來看，殺戮的代價一點也不昂貴，其中的刺激感也令人滿意。在這種情況下，戰爭持續下去並不是一件奇怪的事。不幸的是，今天我們仍然懷有這種存在於原始戰爭中的情感，可是戰爭的實際操作過程早已經徹底改變了。

在現代戰爭中，殺死一個敵人的代價非常昂貴。想想看，近年的戰爭中有多少德國人被殺死，而勝利者的人民為此繳納了多少所得稅。透過簡單的計算，我們就能得出殺死一個德國人需要多少錢。從經濟的角度看，現代戰爭的確不是一樁好生意。儘管贏得了兩次世界大戰，我們應該知道，如果它們沒有發生，世人會更富有。如果每個人都能考慮自身利益（但實際上沒有），那麼整個人類種族就能學會合作。這樣就不再會有戰爭，不再有陸軍、海軍和原子彈，也不會再有政治宣傳家想法設法去麻醉他國人民的心靈，煽動他們去攻擊自己想要對付的敵人。邊境上將不再有大批官員，阻止外國書籍和外國思想的流入，不論這些書籍和思想本身多麼優秀。也不會有關稅壁壘來維持眾多小企業的存在，明明一家大企業會更具經濟效益。

如果人們渴望自身幸福的熱情能像他們渴望鄰居不幸那樣強烈，那麼這一切變革將迅速發生。然而，你可能會說，這些烏托邦式的夢想有什麼用呢？道德家和宗教人士會確保我們不會變得完全自私，而在那之前，千禧年般的理想世界是不可能實現的。

我並不想以犬儒的語氣作結。我並不否認，自私之上確實存在更高尚的價值，且有些人確實達成了。然而我主張，一方面，大規模的群體（政治所涉及的正是這樣的人群）很少能超越自私；而另一方面，在許多情況下，大眾甚至會跌落到低於自私的層次——如果我們把自私理解為「明智地考量自身利益」。

在人們自以為出於理想動機行動時，最容易背離自身利益。許多看似理想主義的行為，其實是偽裝的仇恨或偽裝的權力欲。當你看到大批人群被看似高尚的動機所驅使時，最好深入表面之下，問問自己，究竟是什麼使這些動機產生了效力。人們很容易被表面上的高尚所欺騙，所以我才認為進行一場心理學式的探究是有價值的。

最後，我想說，如果以上所說的是正確的，那麼，要讓世界變得幸福，最需要的東西就是「智慧」。這結論其實是樂觀的，因為智慧是可以透過已知的教育方法來培養的。

作者簡介

伯特蘭・羅素（Bertrand Russell）

一八七二年五月十八日生於英國威爾斯，一九七〇年二月二日逝世，是羅素家族的第三代勳爵。祖父約翰・羅素曾經在一八四〇年代兩次出任英國首相，是輝格黨以及自由黨的重要政治家。

年少時期的羅素卻並非一帆風順。他的母親和父親分別在其兩歲和四歲時逝世，因此他從小由祖父母撫養長大。一八九〇年羅素進入劍橋大學三一學院，從此開始其傳奇的學術生涯。一九一〇年，年僅三十八歲的羅素就與他的老師懷德海合著出版了三卷本的《數學原理》，這本書被認為是二十世紀最重要的數學邏輯學著作。

除了在數學方面有里程碑式的貢獻，羅素在倫理學、神學、心理學、物理學、生物學等方面都有不同建樹。因其「多樣且重要的作品，對人道主義理想和思想自由持續不斷地追求」，羅素於一九五〇年獲得諾貝爾文學獎。除了東方讀者熟知的《西方哲學史》和《中國問題》等著作外，首次出版於一九三〇年的《羅素的幸福哲學》至今仍然廣受讀者青睞。

知識叢書 1150

羅素的幸福哲學：從憂鬱厭世到用熱情擁抱世界

The Conquest of Happiness

作　者——伯特蘭・羅素（Bertrand Russell）
譯　者——王徹之
責任編輯——許越智
責任企畫——張瑋之
封面設計——陳文德
內文排版——張瑜卿
總 編 輯——胡金倫
董 事 長——趙政岷
出 版 者——時報文化出版企業股份有限公司
一〇八〇一九臺北市和平西路三段二四〇號一至七樓
發行專線／（〇二）二三〇六—六八四二
讀者服務專線／〇八〇〇—二三一—七〇五、（〇二）二三〇四—七一〇三
讀者服務傳真／（〇二）二三〇四—六八五八
郵撥／一九三四四七二四時報文化出版公司
信箱／一〇八九九臺北華江橋郵局第九九信箱
時報悅讀網——www.readingtimes.com.tw
法律顧問——理律法律事務所　陳長文律師、李念祖律師
印　刷——紘億印刷有限公司
初版一刷——二〇二五年五月九日
初版二刷——二〇二五年六月二十七日
定　價——新台幣三五〇元
版權所有　翻印必究（缺頁或破損的書，請寄回更換）

時報文化出版公司成立於一九七五年，並於一九九九年股票上櫃公開發行，於二〇〇八年脫離中時集團非屬旺中，以「尊重智慧與創意的文化事業」為信念。

羅素的幸福哲學：從憂鬱厭世到用熱情擁抱世界
／伯特蘭・羅素（Bertrand Russell）著／王徹之譯
--- 初版 --- 臺北市：時報文化出版企業股份有限公司，2025.5
面；14.8×21 公分 . ---（知識叢書 1150）
譯自：The Conquest of Happiness.
ISBN 978-626-419-394-8（平裝）
1.CST：人生哲學　2.CST：幸福
191.9　　114003762

ISBN 978-626-419-394-8　Printed in Taiwan

作家榜经典名著
读经典名著，认准作家榜